Guía de un joven para las buenas decisiones

LA EDITORIAL DE SU CONFIANZA
Autor Reconocido

TU VIDA A LA MANERA DE DIOS

JIM GEORGE

PORTAVOZ

La misión de *Editorial Portavoz* consiste en proporcionar productos de calidad —con integridad y excelencia—, desde una perspectiva bíblica y confiable, que animen a las personas a conocer y servir a Jesucristo.

Título del original: *A Young Man's Guide to Making Right Choices* © 2011 por Jim George y publicado por Harvest House Publishers, Eugene, Oregon 97402. Traducido con permiso.

Traducción: Belmonte Traductores, www.belmontetraductores.com

EDITORIAL PORTAVOZ
P.O. Box 2607
Grand Rapids, Michigan 49501 USA
Visítenos en: www.portavoz.com

ISBN 978-0-8254-1292-9
978-0-8254-0376-7 Kindle
978-0-8254-8488-9 Epub

1 2 3 4 5 / 16 15 14 13 12

Impreso en los Estados Unidos de América
Printed in the United States of America

Contenido

La toma de buenas decisiones

Elijan ustedes mismos a quiénes van a servir.

—Josué 24:15

Jasón, un típico adolescente, se despertó sobresaltado de su sueño profundo a causa del estruendo de unos bidones de basura que alguien arrastraba hasta la acera. Al principio se enfureció, mientras se preguntaba: *¿Quiénes* se *creen que son, haciendo ese ruido a estas horas de la mañana? ¿Acaso no saben que un tipo ocupado necesita dormir?* Después llegó una segunda ola de adrenalina, esta vez de temor, cuando Jasón se bajó de la cama y miró por su ventana. *¡Oh, no! ¡Es papá haciendo mis tareas… otra vez! ¡Esta vez me va a costar caro!*

Pero ¿qué hora es? —pensaba Jasón mientras miraba su despertador—. *¡Oh, no, llego tarde; muy tarde! ¿Se me olvidó poner la alarma?* Había planeado levantarse temprano para terminar su tarea de Inglés, ¡que debía entregar hoy! ¡Caray, y dos veces caray! Había muchas cosas que había planeado hacer la noche pasada: terminar su trabajo de Inglés, adelantar su trabajo de Historia, quizá ponerse al día en su plan de lectura bíblica para el grupo de jóvenes de su iglesia y finalmente escribirle una nota de agradecimiento a su tía por el dinero que le envió por su cumpleaños hacía varios meses. (Esa era la principal tarea que su mamá le había asignado la noche pasada, y se había dicho: *No hay problema; ya hace mucho de eso. Quizá esta noche, ¿verdad?*). Y así continuaba la lista de Jasón de "cosas pendientes de hacer".

Pero Jasón había terminado desviándose un poco. ¿Y por qué no? El dinero que le dio su tía lo había empleado bien... en un nuevo videojuego. Bueno, un nivel te lleva a otro, y poco tiempo después Jasón había combatido con "las fuerzas del mal" tanto tiempo en su juego (una hora más de la hora que sus padres le habían establecido para irse a la cama) que su mamá tuvo que interrumpirlo, terminar sus simuladas luchas de vida o muerte y apagar la luz.

La vida está llena de decisiones

Jasón había comenzado su noche con magníficos planes de tomar buenas decisiones, pero algo lo alejó de esos buenos planes; y al final —en realidad a la mañana siguiente— comenzó a sufrir una sucesión de consecuencias debido a esas malas decisiones.

Como dice el título de esta sección, la vida está llena de decisiones, y lo curioso de estas es que, a veces, exactamente la misma decisión podría ser mala para un muchacho, pero podría estar bien para otro. Piensa, por ejemplo, en la sencilla decisión de desayunar. Martín, el amigo de Jasón, está intentando entrar en el equipo de baloncesto. Es un magnífico tirador, pero le cuesta mucho bajar de peso, así que tiene que ser más disciplinado con lo que come. Comer varios tazones de cereales cada mañana con mucha leche y azúcar sería un enorme problema calórico para Martín, pero no sería un problema para Jasón ¡porque está tan delgado como un palo!

¿Te das cuenta de que tus decisiones de cada día comienzan al final del día *anterior*, cuando decides a qué hora tienes que levantarte y luego pones la alarma? Y la siguiente gran decisión es levantarte cuando oyes el despertador... lo cual te lleva a vestirte, cumplir con tus quehaceres, desayunar e ir a la escuela a tiempo. Tus decisiones se prolongan durante todo el día e incluyen hacer tus tareas y ser un buen miembro de la familia cuando llegas a casa, hasta que vuelves a poner de nuevo la alarma al final del día.

Sí, la vida está llena de decisiones. Alguien lo dijo bien:

> Mi vida no la componen los sueños que tengo,
> sino las decisiones que tomo.[1]

Las decisiones a través del espejo retrovisor

Probablemente hayas ido a algún campamento, retiro o reunión de jóvenes donde hubo un "tiempo para chicos", un espacio para que aquellos que tenían la valentía suficiente contaran algunas de las decisiones que tomaron en el pasado. Es como si estuvieran mirando su pasado a través del espejo retrovisor. (Si conduces, sabes que debes mirar por el espejo retrovisor para ver lo que ocurre detrás de ti, y si no conduces, ¡algún día lo harás!). Los valientes que contaron su historia ya no estaban viviendo en su pasado, pero aún podían ver, recordar y saborear las consecuencias de sus decisiones, tanto de las buenas como de las malas. Probablemente, entre lo que dijeron se encontraban algunas frases como...

> Me extravié del camino...
> Me transformé en un hijo pródigo...
> Me alejé del Señor...
> Me entretuve con en el pecado...
> Perdí mi primer amor...
> Me aparté de la verdad...
> Tomé malas decisiones...
> Perdí los estribos...
> Me junté con las personas equivocadas...

Yo he estado en algunas de esas reuniones y no podía evitar preguntarme: *¿Qué sucedió? ¿Cómo pudo alejarse del camino, perder su primer amor por Jesús, apartarse de la verdad, perder los estribos o juntarse con las personas equivocadas?*

Bueno, los dos sabemos lo que ocurrió, ¿no? De algún modo, en algún momento, por alguna razón, se tomó una mala decisión. Quizá fue solo una pequeña mentira; tan solo un pequeño matiz de lo que está bien; tan solo cambiar un poquito la regla. Finalmente, como ocurre una y otra vez, llegó el día en que tomar malas decisiones se convirtió en algo verdaderamente fácil. Y por lo general, es entonces cuando un muchacho se da cuenta de que su vida es un verdadero desastre.

Qué dice la Palabra de Dios

Una cosa es leer un libro escrito por un autor sobre un tema, y otra muy distinta es leer el Libro —la Biblia— escrito por el Autor de todas las cosas: Dios mismo. En este libro, te comunicaré muchos pensamientos y consejos. La mayoría de ellos son cosas que he aprendido con los años. Te los transmitiré como a un joven que está en el proceso de tomar decisiones que moldearán su futuro; pero las cosas que sin lugar a dudas deberías asegurarte de aprender y a las que deberías prestar mucha atención son las cosas que Dios mismo te dice en su Palabra, su Libro: la Biblia.

Cuando en cada capítulo llegues a esta sección —titulada "Qué dice la Palabra de Dios"—, encontrarás varios versículos de la Biblia. He incluido el texto de los versículos para que puedas leerlos sin tener que buscar en tu Biblia. También te invito a marcar los versículos y tomar notas. No tienes que hacerlo si así lo prefieres, pero no dudes en marcar algunas palabras y subrayar cosas que quieras recordar. Pon un signo de interrogación al lado de lo que te resulte confuso o de lo que quieras saber más. Puedes incluso escribir en los márgenes. He intentado dejar espacio suficiente para que anotes tus propios pensamientos sobre lo que Dios te está diciendo. Haz cualquier cosa que te ayude a entender los versículos y apropiártelos. (Y por supuesto, sería una buena idea que en algún momento leyeras los versículos en tu Biblia). Allá vamos, de la Palabra de Dios para ti.

Los israelitas tomaron una decisión. Josué, el líder del pueblo de Dios, les pidió que hicieran exactamente lo que hemos estado hablando: que tomaran una decisión. Escucha lo que Josué le dijo al pueblo sobre elegir entre servir a Dios o servir a dioses falsos. Según los versículos siguientes, ¿qué decisión le dio Josué al pueblo? Y gracias a Dios, si sigues leyendo en el libro de Josué, verás que el pueblo tomó la decisión correcta al elegir servir al Señor.

> *Entréguense al SEÑOR y sírvanle fielmente... elijan ustedes mismos a quiénes van a servir... Por mi parte, mi familia y yo serviremos al SEÑOR* (Josué 24:14-15).

Lot tomó una decisión. Lot era sobrino de Abraham. Debido a la gran cantidad de ganado que poseían estos dos hombres, Abraham le pidió a Lot que eligiera entre dos partes de la tierra. Una parte era verde y tenía abundante agua, perfecta para alimentar al ganado. La otra parte era más seca y no tan buena. De hecho, era un desierto. Según los versículos que siguen, ¿qué decisión tomó Lot?

> *Lot levantó la vista y observó que todo el valle del Jordán, hasta Zoar, era tierra de regadío... Entonces Lot escogió para sí todo el valle del Jordán, y partió hacia el oriente* (Génesis 13:10-11).

Tristemente, Lot no tomó una sabia decisión. Se quedó con los verdes pastos de regadío, terreno que resultó estar cerca de las dos ciudades más malvadas de su época: Sodoma y Gomorra. Su decisión estuvo basada en lo que parecía bueno. Desdichadamente, las consecuencias de esa decisión fueron devastadoras para Lot y su familia.

José tomo una decisión. José era un adolescente cuando sus celosos hermanos lo vendieron para ser esclavo en Egipto. Allí, en un país extraño, José se encontraba solo y sin su familia. Con el tiempo, la esposa de su amo coqueteó con él y quiso que se acostara con ella. A fin de cuentas, no había nadie merodeando, le había dicho ella. ¿Quién se iba a enterar?

¿Cómo respondió José? Observa su decisión y la razón de esta.

> *Sino que le contestó... ¿Cómo podría yo cometer tal maldad y pecar así contra Dios?* (Génesis 39:8-9).

José decidió vivir su vida a la manera de Dios. Él honró a Dios, y después Dios honró la decisión de José convirtiéndolo en el líder de la tierra de Egipto y en el salvador de su familia.

Daniel tomó una decisión. ¿Te imaginas que te llevaran prisionero y te obligaran a ir a una tierra extranjera siendo adolescente? ¿Y que al llegar allí te dijeran que debes dejar tus creencias religiosas y seguir los caminos de quienes viven en esa tierra pagana? Bien, pues eso es lo que le ocurrió a Daniel. En el lugar adonde lo llevaron, le dijeron que comiera alimentos que el trasfondo judío de Daniel no le permitía comer. ¡Qué presión! ¿Qué hizo él?

> *Pero Daniel se propuso no contaminarse con la comida y el vino del rey, así que le pidió al jefe de oficiales que no lo obligara a contaminarse* (Daniel 1:8).

Daniel decidió vivir a la manera de Dios, no solo en esta ocasión, sino también numerosas veces durante los muchos años que estuvo en aquella tierra extranjera. En cada paso y cada día, Dios bendijo a Daniel y lo ascendió a importantes posiciones de liderazgo.

Algo para recordar sobre las decisiones

—A veces, las decisiones atractivas conducen al pecado.

—Las buenas decisiones tienen resultados positivos a largo plazo.

—A veces es difícil tomar buenas decisiones.[2]

Toma las decisiones difíciles

Estoy seguro de que ya sabes que tus propias acciones son cuestión de decisiones. Claro, algunas decisiones las toman por ti, están fuera de tu control, y las toman las personas que tienen alguna responsabilidad sobre ti... como tus padres, tus maestros, tus entrenadores y tus líderes de jóvenes. Pero muchas decisiones de cada día —y casi de cada minuto del día— las tomas tú mismo. ¿Te has dado cuenta ya de que esas decisiones pertenecen al ámbito de tu voluntad? Tú mismo decides lo que harás o no harás, cómo actuarás o no actuarás. Tú tomas las decisiones, lo cual significa que no puedes culpar a nadie más de lo que ocurra después.

Mientras te preparas para tomar las decisiones difíciles, las decisiones que se deben tomar, ¿puedes pensar en alguna decisión difícil que tengas que tomar ahora mismo? ¿Qué te retiene? ¿La presión de tus amigos? ¿El temor? ¿El orgullo?

Haz en este instante la oración del joven Salomón, quien le dijo a Dios: "Yo te pido sabiduría y conocimiento" y "Yo te ruego que le des a tu siervo discernimiento... para distinguir entre el bien y el mal" (2 Crónicas 1:10 y 1 Reyes 3:9). Después toma la decisión, esa que te está impidiendo vivir tu vida como Dios quiere. Toma la decisión correcta, por muy difícil que sea tomarla.

Lo que hay que hacer hoy para tomar buenas decisiones

- Vuelve a leer la sección titulada "Las decisiones a través del espejo retrovisor". ¿Se corresponde con tu vida hoy alguno de los comentarios mencionados en "el tiempo para chicos"? Si es así, habla con Dios. Admite cualquier decisión equivocada que hayas tomado y pídele a Él su sabiduría para tomar las decisiones adecuadas a partir de ahora.

- Vuelve a leer Josué 24:14-15 (ver "Qué dice la Palabra de Dios"). Al mirar tu vida hoy, ¿crees que estás tomando el tipo de decisión que Josué y el pueblo tomaron, de servir a Dios y solo a Él? ¿Por qué? ¿Cuál será tu primera decisión apropiada para comenzar a decidir servir a Dios y vivir para Él? ¿Hay algo que deberías hacer y que no estás haciendo? ¿Algo que sabes que Dios quiere que hagas que no estás haciendo? Sé sincero. El rey y guerrero David fue extremadamente sincero con Dios cuando le dijo...

Examíname, oh Dios, y sondea mi corazón;
ponme a prueba y sondea mis pensamientos.
Fíjate si voy por mal camino, y guíame por el
camino eterno (Salmos 139:23-24).

- Como ya has leído antes, las decisiones dependen de tu voluntad. Tú decides lo que harás o no harás, y cómo te comportarás. Piensa en dos o tres cosas que puedes hacer diariamente que te prepararán mejor para tomar buenas decisiones. Luego, claro está, empieza a hacerlas.

Los chicos que ayudan a los chicos

Anota tres cosas que Jasón no hizo y que llevaron su día por un camino caótico.

¿Qué le dirías a Jasón que hiciera de otra manera mañana?

De todos los versículos de este capítulo, ¿cuál significó más para ti y por qué?

¿En qué cosas te pareces a Jasón y qué nuevas decisiones tienes que empezar a tomar?

¿Quieres saber más?

¡Averígualo!

Lee Proverbios 1:10-19. ¿Qué advertencia se le da al joven en el versículo 10?

¿Qué consejo se le da a este joven en el versículo 15?

¿Cómo terminan los que deciden participar en las malas obras (versículo 19)?

Ahora te toca leer sobre la decisión de Lot. Lee Génesis 13:5-11. ¿Cómo se describe el momento en que necesitó tomar una decisión (versículos 5-7)?

¿Qué propuso Abraham como solución (versículos 8-9)?

¿Qué decidió Lot y por qué (versículos 10-11)?

Ahora échale un vistazo a Génesis 19:12-29. ¿Cuáles fueron algunos de los resultados de la decisión de Lot?

¿Qué decisión tomaron los dos hermanos en Mateo 4:18-20?

¿Qué decisión se tomó en Mateo 9:9?

¿Has tomado tú esta decisión? ¿Necesitas hacerlo? Asegúrate de pensar en ello.

Las pautas de Dios para la toma de buenas decisiones

- *Dale importancia a cada día.* "Enséñanos a contar bien nuestros días, para que nuestro corazón adquiera sabiduría" (Salmos 90:12).
- *Admite tu necesidad de sabiduría... ¡y búscala!* "Si a alguno de ustedes le falta sabiduría, pídasela a Dios, y él se la dará" (Santiago 1:5).
- *Esfuérzate para desarrollar un profundo respeto por Dios.* "El comienzo de la sabiduría es el temor del Señor; conocer al Santo es tener discernimiento" (Proverbios 9:10).
- *Asegúrate de tener una relación vital con Jesucristo.* "Pido que el Dios de nuestro Señor Jesucristo, Padre glorioso, les dé el Espíritu de sabiduría y de revelación, para que lo conozcan mejor" (Efesios 1:17).
- *Prepárate para pagar la verdad a cualquier precio.* "Adquiere la verdad y la sabiduría, la disciplina y el discernimiento, ¡y no los vendas!" (Proverbios 23:23).

Decisión #1:

¡Tienes que levantarte!

Perezoso, ¿cuánto tiempo más seguirás acostado?
¿Cuándo despertarás de tu sueño?

—Proverbios 6:9

¿Recuerdas dónde dejamos a Jasón en el capítulo anterior? ¡En la cama! ¿Imaginas la escena... y el sonido? (Quizá tú mismo has estado ahí). Jasón estaba profundamente dormido, como un tronco, hasta que se produjo ese horrible ruido. Después de un rato, Jasón se dio cuenta de quién era y dónde estaba, y qué era ese horrible estruendo. Al despertarse, se estremeció y pensó: *¡Oh no! ¡Es la alarma de mi despertador! ¿Ya?* Luego pensó: *Otro día no, ¡por favor!*

El pobre Jasón estaba muy cansado. Si recuerdas, se había quedado hasta muy tarde jugando con sus videojuegos. ¿Su solución? *Quizá me pueda quedar aquí unos minutos más.* Con este último pensamiento, Jasón se dio media vuelta y presionó el botón de repetición del despertador.

Una decisión sencilla pero difícil

¿Es tu vida cada vez más intensa y complicada? Normalmente, esto ocurre a medida que vas creciendo. Tienes que tomar decisiones importantes. Las tareas de la escuela cada vez son más difíciles; después empiezas el entrenamiento para la licencia de conducir y toda la responsabilidad que eso conlleva; y el dinero se convierte en algo crucial: generarlo, ahorrarlo y gastarlo (o no gastarlo) con cuidado.

Pero hay una decisión muy sencilla y a la vez difícil que debes tomar cada día. De hecho, es la primera decisión que debes tomar cada día, te des cuenta o no. Esa decisión es: ¿Te levantarás a tiempo… o no?

Debes comprender que cada mañana, cuando tu sueño se interrumpe de repente como le ocurrió a Jasón, tienes la oportunidad de tomar una decisión que afectará el resto de tu día. Funciona así: si te levantas cuando debes, tienes más control sobre ti mismo y sobre tu día. (Bueno, al menos controlas el comienzo. Debes dejar lugar para el plan de Dios, para interrupciones inesperadas, sorpresas y crisis). Cuando tomas la decisión de levantarte a tiempo, tú tienes la última palabra desde el primer minuto. Estás en el asiento del conductor de tu día.

A medida que recorramos este libro sobre tomar buenas decisiones, verás cómo esta decisión prepara el camino para el resto del día. Verás cómo la primera decisión afecta a la segunda… y a la tercera… y a la cuarta. Es como el juego del dominó, que normalmente se juega con 28 fichas que se tienen que colocar una por una con los cuadrados adyacentes del mismo valor. Quizá hayas visto un dominó e incluso hayas intentado poner todas las fichas de pie en una fila. Si lo has hecho, probablemente también sabrás que una mano temblorosa o un golpe en la mesa pueden hacer que se caiga una ficha, la cual hace que también caigan las demás en una rápida sucesión. A esto se le llama "el efecto dominó".

Detesto decirlo, pero cuando no te levantas de la cama a tiempo, a fin de poder hacer todo "con orden" (1 Corintios 14:40), el efecto dominó entra en acción, y todo lo que hagas en el resto del día se verá afectado. Es increíble cómo esa primera decisión influye en todo lo que haces después.

Entonces, ¿qué vas a hacer? ¿Te vas a comprometer o no a tomar esa buena decisión al comienzo de cada día?

Los grandes resultados comienzan con pequeños pasos

Me gusta hacer las cosas con pequeños pasos. Es más fácil lograr metas de esa manera, y es más fácil terminar lo que emprendo. Por tanto, en lugar de decir: "Me voy a levantar temprano todos los días durante el resto de mi vida", sencillamente intento levantarme a tiempo un solo día. Verás, lo que has hecho hasta hoy es lo que te define, y lo que haces hoy determinará quién serás en el futuro… si nada cambia. Cada acción que se repite en el tiempo —sea buena o mala— está creando tu verdadero yo. Cada decisión que se toma una y otra vez —sea buena o mala— se transforma en un hábito; y sospecho que tu objetivo en la vida es muy parecido al mío: tomar buenas decisiones una y otra vez hasta establecer hábitos buenos y piadosos.

¿Y qué me dices de tus sueños? ¿Qué quieres ser? ¿Qué quieres hacer? ¿En qué tipo de persona te quieres convertir?

Bueno, como decían en el Lejano Oeste: "¡El día está que arde!". Cuando te levantas a la mañana, tienes la oportunidad de hacer realidad tus sueños. Te puedes dedicar a convertirte en la persona única que Dios creó y hacer las cosas maravillosas que Él tiene planeadas para ti. Tienes todo el día para tomar buenas decisiones que te lleven paso a paso hacia algo emocionante, excelente y magnífico, algo que puedas mirar y considerar un logro al finalizar el día.

¿Y cuando no te levantas? Bueno, ¡probablemente conoces muy bien la respuesta! Pierdes la oportunidad de cumplir tus sueños o de hacer progreso hacia ellos hoy. Me gusta la verdad de esta cita que encontré en una revista para adolescentes: "Dormir de más nunca hará que tus sueños se hagan realidad".[1]

Por tanto, como repaso, levantarte a tiempo es la primera buena decisión que puedes tomar cada día, ¡y es una gran decisión!

Qué dice la Palabra de Dios

Dios tiene mucho que decir sobre las personas perezosas. La Biblia se refiere muchas veces al perezoso como alguien que es un "holgazán", como alguien que tiene el mal hábito de ser vago, lento u ocioso. Un holgazán es alguien que detesta levantarse y trabajar. Si alguna vez has visto caminar al animal llamado perezoso, sabrás a lo que me refiero. Mientras lees estos versículos, acuérdate de sentirte libre para interactuar con ellos. (Por ejemplo, estoy viendo los dos interrogantes de abajo... y una consecuencia). O solamente disfruta leyéndolos.

> *Perezoso, ¿cuánto tiempo más seguirás acostado? ¿Cuándo despertarás de tu sueño? Un corto sueño, una breve siesta, un pequeño descanso, cruzado de brazos... ¡y te asaltará la pobreza [ruina] como un bandido!* (Proverbios 6:9-11).

> *Sobre sus goznes gira la puerta; sobre la cama, el perezoso* (Proverbios 26:14).

Hechos sobre el perezoso

1. No comenzará nada.
2. No terminará nada.
3. No enfrentará nada.[2]

Conoce a algunas personas que se levantaron a tiempo... ¡o más temprano!

En esta sección, ten la libertad de marcar los versículos y tomar notas en los márgenes de todo lo que aprendas; o simplemente deja que sus palabras calen en tu corazón y te motiven. Todas estas personas tienen un mensaje importante para ti.

Jesús. El Hijo de Dios y nuestro Salvador se levantaba temprano. ¿Qué hacía cuando se despertaba?

> *Muy de madrugada, cuando todavía estaba oscuro, Jesús se levantó, salió de la casa y se fue a un lugar solitario, donde se puso a orar* (Marcos 1:35).

Lo primero que hacía Jesús por la mañana era hablar con su Padre celestial. Oraba a Dios. ¿Y qué ocurría cuando lo hacía? Se conectaba con la sabiduría y el poder de Dios para hacer su voluntad un día más: el día que tenía ante Él. Cuando Jesús terminaba de orar, estaba preparado para hacer frente a todo tipo de tentación, así como para disfrutar de las cosas buenas que ocurrían en ese día.

Abraham. Este hombre fue el padre de la nación judía y "fue llamado amigo de Dios" (Santiago 2:23). Créeme que Abraham era un hombre de oración. En todo el libro de Génesis, lo puedes ver hablando con Dios una y otra vez. En una oportunidad, pasó mucho tiempo rogándole a Dios que perdonara a su sobrino Lot de la destrucción de Sodoma y Gomorra (ver Génesis 18:23-33). Después Abraham siguió conectado con Dios para ver cuál sería el resultado de su petición. Leemos esto acerca de él:

> *Al día siguiente Abraham madrugó y regresó al lugar donde se había encontrado con el Señor* (Génesis 19:27).

David. El que una vez fue pastor de ovejas se convirtió en un poderoso guerrero y temido rey. Sin embargo, nunca vio que fuera impropio de un hombre orar y hablar con Dios. De hecho, David se deleitaba adorando al Señor y pensaba que era una necedad no buscar fortaleza, guía y sabiduría de Dios. ¿Qué puedes aprender de David y la oración en este versículo?

> *Por la mañana, Señor, escuchas mi clamor; por la mañana te presento mis ruegos, y quedo a la espera de tu respuesta* (Salmos 5:3).

El pueblo de Dios se ha levantado temprano durante miles de años. Ellos se tomaban cada día en serio y se tomaban su adoración en serio. ¿Crees que se cansaban? Por supuesto que sí, pero siguieron adelante con su misión, con la obra que Dios quería que hicieran y con sus responsabilidades laborales. ¿Qué tal si hubieran decidido quedarse en la cama cada mañana? ¿Qué hubiera pasado si hubieran puesto excusas? ¿Qué hubiera pasado si se hubieran dormido?

Hudson Taylor era un hombre que se levantaba temprano. También es el hombre a quien muchos historiadores de la Iglesia señalan como el que tuvo más influencia a la hora de llevar el cristianismo a la China. Tuvo que hacer frente a muchas dificultades allí, viviendo una vida de grandes sacrificios en su trabajo por establecer muchos puntos misioneros y llevar a las personas a Cristo. Se dice que él repetía: "El sol nunca ha salido sobre la China sin que yo estuviera orando por ella". ¡Eso es levantarse pronto... y eso es orar en serio!

Los adolescentes que se levantan

Me inspira leer sobre adolescentes que tienen una pasión tan seria o intensa por algo que los hace levantarse de la cama. Por ejemplo (¡y aquí es donde entran en juego tus sueños!), cada dos años tenemos la oportunidad de ver lo mejor de lo mejor en los Juegos Olímpicos (de verano y de invierno). Muchos de los competidores son adolescentes como tú, y ahí están, en un escenario mundial, haciendo alarde de fuerza, agilidad y velocidad. ¿Cómo lo lograron? ¿Cómo consiguieron sobresalir? Entrenando, practicando, recibiendo consejos y siguiendo las instrucciones. Y, claro, levantándose temprano para hacer todo eso, además de ir a la escuela y hacer la tarea. Esos adolescentes lo hicieron porque perseguían un sueño, un sueño tan poderoso como para hacerlos salir de la cama cada día y hacer lo necesario para alcanzarlo.

Los adolescentes se levantan de la cama por diferentes razones: para asistir a entrenamientos deportivos, para asistir a un grupo de oración o juntarse a orar en el mástil de la bandera de la escuela. Para preparar un estudio bíblico para el grupo de jóvenes. Para juntarse a estudiar con otros en la escuela. Para repasar una vez más la materia de un examen antes de una prueba.

¿Qué te apasiona? ¿Qué es lo que más te gusta hacer? ¿Qué es lo que te gustaría hacer, pero nunca logras encontrar tiempo suficiente? Si puedes, tómate un minuto para anotar una o dos respuestas.

Un viaje de mil kilómetros comienza con un solo paso

¡Este dicho popular tiene un gran significado! Es el consejo perfecto para hacer realidad tus sueños de futuro, y es una gran manera de cumplir con las responsabilidades que conforman tu vida presente. Para comenzar tu viaje hacia el cumplimiento de tus sueños y cuidar de tus responsabilidades, debes empezar con un solo paso: levantarte mañana; lo cual suscita las siguientes preguntas:

> *¿Qué quieres hacer mañana?* Esta pregunta está relacionada con tus objetivos y tus sueños. Uno de mis nietos quiere tener tiempo para aprender kárate. También quiere entender mejor las computadoras. A otro de mis nietos le encanta jugar al tenis y se impacienta por llegar a su siguiente clase. ¿Qué me dices de ti? Querer algo significa desearlo con ansia. ¿Qué deseas con ansia lograr mañana en lo relacionado con el futuro que sueñas? Puedes responder esta pregunta aquí o en un cuaderno o diario. Anota tu objetivo y escribe por qué es importante para ti.

> *¿Qué tienes que hacer mañana?* Esta pregunta tiene que ver con ocuparte de tus responsabilidades, como los deberes de la escuela, tareas o un trabajo a tiempo parcial. ¿Qué hay en tu lista de cosas por hacer? ¿Terminar tu trabajo de Inglés? ¿Preparar el programa para una reunión? ¿Ayudar a mamá sacando la basura? ¿Dar de

comer al perro de los vecinos mientras están de vacaciones? Intenta escribir una lista. ADVERTENCIA: ¡Esta lista puede volverse muy larga… y debería serlo! Quizá debas hacer dos columnas.

Toma las decisiones difíciles

Esta es una de mis frases favoritas sobre vivir cada día con pasión. Espero y oro que también te sea de ayuda. Está tomada del libro *No desperdicies tu vida*. (Es un buen título, ¿no crees?).

> La mayoría de las personas simplemente pasan por la vida sin pasión por Dios, gastan su vida en diversiones triviales, viven para la comodidad y el placer… [No] te dejes atrapar por una vida sin significado… aprende a vivir para Cristo, y ¡no desperdicies tu vida![3]

La vida es un regalo precioso de Dios. Además de la vida que te ha dado, Él tiene planes y propósitos increíbles para ti. Nada podría ser peor que una vida sin significado. Tienes muchas oportunidades para vivir con pasión, lograr un cambio, aportar a los demás y darle honor y gloria a Dios. Él te llevará tan lejos como tú quieras ir, tan rápido como quieras. Ahora, la decisión difícil que tienes que tomar cada día es levantarte para dar los pasos que te harán avanzar en el viaje de tu vida con Cristo. ¡No desperdicies tu vida! Comienza a moverte hacia tus metas y sueños.

Lo que hay que hacer hoy para tomar buenas decisiones

Al pensar en vivir como Dios quiere, deja que las siguientes decisiones preparen el camino para un futuro mejor. Este ejercicio te ayudará a mantenerte firme en tu primer paso hacia una vida mejor: salir de la cama.

- Paso 1: Decide a qué hora te tienes que levantar.
- Paso 2: Decide cuándo te debes levantar para que tu día vaya como te gustaría.
- Paso 3: Pon tu despertador... uno que suene bien fuerte... ¡uno molesto!
- Paso 4: Acuéstate a una hora razonable para que descanses lo que necesitas antes de levantarte.
- Paso 5: Ora. Pídele ayuda a Dios para levantarte. Dile por qué es importante para ti levantarte mañana a tiempo. Repasa con Él tus planes, propósitos, compromisos y sueños para mañana. Vamos, ¡a Él le importa más que a ti!
- Paso 6: Proponte levantarte, sin importar lo que suceda. No te rindas ni te preocupes por no dormir lo suficiente. Es solo una mañana.
- Paso 7: Alaba a Dios cuando oigas el despertador. Cuando amanezca, clama como el salmista: "Éste es el día en que el SEÑOR actuó; regocijémonos y alegrémonos en él" (Salmos 118:24).

Los chicos que ayudan a los chicos

Nadie es un caso perdido... Jasón incluido, y tú incluido. Anota varias cosas que Jasón no hizo que llevaron su día por un camino caótico.

¿Qué le dirías a Jasón que hiciera de otra manera mañana para levantarse de la cama y comenzar bien su día?

De todos los versículos de este capítulo, ¿cuál significó más para ti y que podrías transmitir a Jasón?

¿En qué cosas te pareces a Jasón y qué tienes que hacer para levantarte de la cama mañana?

¿Quieres saber más?

¡Averígualo!

Lee Proverbios 6:6-8. "Fíjate en la hormiga" ahora. ¿Qué gran lección aprendes de este pequeño insecto que puedas recordar e imitar?

—Versículo 7

—Versículo 8

Si el perezoso sigue las instrucciones del versículo 6, ¿qué ocurrirá?

Lee estos proverbios y anota los resultados de la pereza.

—Proverbios 12:27

—Proverbios 26:15

En Proverbios 26:16, ¿qué más aprendes del perezoso?

Lee estos proverbios que destacan algunas malas excusas que ponen el necio y el perezoso. Anota también los resultados de sus excusas.

—Proverbios 20:4

—Proverbios 26:13

¿Qué aprendes sobre el estilo de vida del perezoso en estos versículos?

—Proverbios 13:4

—Proverbios 21:25-26

Por el contrario, ¿qué dice Proverbios 13:4 sobre la recompensa de un estilo de vida diligente?

Las pautas de Dios para la toma de buenas decisiones

- *Tu futuro comienza en cuanto te levantas.* "No te des al sueño, o te quedarás pobre; mantente despierto y tendrás pan de sobra" (Proverbios 20:13).

- *Levántate... sigue adelante.* "¡Anda, perezoso, fíjate en la hormiga! ¡Fíjate en lo que hace, y adquiere sabiduría!" (Proverbios 6:6). "Perezoso, ¿cuánto tiempo más seguirás acostado? ¿Cuándo despertarás de tu sueño?" (versículo 9).

- *Recuerda el valor de cada día.* "Enséñanos a contar bien nuestros días, para que nuestro corazón adquiera sabiduría" (Salmos 90:12).

- *Ten metas para cada día.* "No es que ya lo haya conseguido todo, o que ya sea perfecto. Sin embargo, sigo adelante esperando alcanzar aquello para lo cual Cristo Jesús me alcanzó a mí" (Filipenses 3:12).

- *Toma a Jesús como tu modelo a seguir.* "Muy de madrugada, cuando todavía estaba oscuro, Jesús se levantó, salió de la casa y se fue a un lugar solitario, donde se puso a orar" (Marcos 1:35).

Decisión #2:

Recibe tus órdenes de marcha

La ley del SEÑOR *es perfecta: infunde nuevo aliento. El mandato del* SEÑOR *es digno de confianza: da sabiduría al sencillo.*

—SALMOS 19:7

A Jasón ya se le hizo tarde para prepararse para la escuela. Lo dejamos dándose la vuelta para apretar el botón de repetición del despertador por tercera vez... cuando ya debía estar de pie. Como siempre, la vida sigue adelante sin él. Ya están todos levantados y haciendo algo, excepto Jasón. Esto provoca que su madre entre muy irritada a su cuarto sin llamar y le pregunte:

—¿Por qué no estás levantado y vestido? ¡Estás retrasando a toda la familia!

¡Piensa rápido!, se dice Jasón mientras se restriega los ojos para despertarse. Con una excusa en su mente, espeta:

—El despertador debe de andar mal. Lo activé [es cierto], pero no sonó [lo cual sabemos que no es cierto]. Mamá, necesito uno nuevo.

Para desviarse del verdadero problema, Jasón argumenta:

—¿Por qué no me despertaste? ¡Sabes que tengo un día importante en la escuela!

Al oír esto, la mamá de Jasón levanta las manos exasperada y se va.

¡Qué alivio! Eso estuvo cerca, piensa Jasón. Al salir de la cama tambaleándose, ve su Biblia en la mesita de noche con el cuaderno de ejercicios que está realizando su grupo. *¡Ay, otra vez no! No terminé la lección para el estudio de esta noche en la iglesia.* Jasón deja salir un suspiro. *Bueno, no hay problema. Ahora, tengo cosas más importantes en mente. Llego tarde a la escuela. Quizá pueda terminar la lección durante la clase de Historia. ¡El profesor López es muuuuuuy aburrido!*

Primero lo más importante

Espero que recuerdes la primera decisión, la cual te ayudará a empezar bien el día. Es la decisión de levantarte a tiempo para poder hacer las cosas que debes y quieres hacer.

Y ahora estamos en la segunda decisión: *Pasar tiempo con Dios.* Sí, eso es. Tener un tiempo devocional. Este paso realmente definirá tu día... y tu voz... y tus palabras... y tus acciones... y tus actitudes... y tu manera de tratar a los demás: comenzando en casa con tu familia. Así que una vez que te levantas, haz que Dios sea tu prioridad. Decide poner primero lo que es más importante. Reúnete con Él antes de que empiece tu día. Es como nos dice Jesús: "Más bien, busquen primeramente el reino de Dios y su justicia" y "Ama al Señor tu Dios con todo tu corazón, con todo tu ser, con todas tus fuerzas y con toda tu mente" (Mateo 6:33 y Lucas 10:27).

¿Has pensado alguna vez que no tienes tiempo para detenerte y pasar unos momentos con Dios? Sé que eres una persona ocupada, ¡que tienes una vida por vivir! Tienes personas que ver, lugares adonde ir y cosas por hacer. Sin embargo, ¡qué equivocados estamos cuando pensamos así! La Biblia es un libro especial; de hecho, es el libro más increíble jamás escrito. Si eres cristiano, eres un soldado del ejército de Dios, y como cualquier soldado, tu comandante en jefe —Dios— quiere darte las órdenes para el día. Esas órdenes vienen directamente para ti a través del Espíritu de Dios, el Espíritu Santo, que te habla cuando lees las Escrituras.

Por eso es tan importante dedicar un tiempo a leer la Palabra de Dios: la Biblia. Cuando la leas, pensarás diferente. Vivirás diferente. Crecerás espiritualmente. Y serás bendecido. Vale la pena levantarse unos minutos antes para sumergirse en la Palabra de Dios y obtener beneficios, bendiciones ¡y mucho más!

Qué dice la Palabra de Dios

Cuando leas los siguientes pasajes, anota lo que se dice sobre la Palabra de Dios.

La Biblia te aleja de las malas conductas. *En mi corazón atesoro tus dichos para no pecar contra ti* (Salmos 119:11).

La Biblia te guía por el buen camino. *Tu palabra es una lámpara a mis pies; es una luz en mi sendero* (Salmos 119:105).

La Biblia te lleva a la verdad. *Toda la Escritura es inspirada por Dios y útil para enseñar, para reprender, para corregir y para instruir en la justicia* (2 Timoteo 3:16).

La Biblia te prepara para servir a los demás. *A fin de que el siervo de Dios esté enteramente capacitado para toda buena obra* (2 Timoteo 3:17).

La Biblia agudiza tu discernimiento y tu juicio. *La palabra de Dios es viva y poderosa, y más cortante que cualquier espada de dos filos… juzga los pensamientos y las intenciones del corazón* (Hebreos 4:12).

La Biblia proporciona instrucciones para la vida eterna. *Las Sagradas Escrituras… pueden darte la sabiduría necesaria para la salvación mediante la fe en Cristo Jesús* (2 Timoteo 3:15).

Cosas que puedes hacer hoy para sumergirte en la Palabra de Dios

¡Vaya! ¿Comprendes ahora por qué es tan importante decidir pasar tiempo con Dios y con su Palabra? Leer la Biblia y tener un tiempo a solas con Dios te ayuda a recibir tus órdenes de marcha para el día y te guía en tu caminar. También acelera tu crecimiento espiritual y te ayuda a saber cómo seguir el ejemplo de Jesús. ¿Cómo suceden todas estas cosas? ¿La respuesta? Es un trabajo interno. La Biblia te cambia el corazón.

Toma un minuto para responder estas preguntas sobre tu vida como adolescente.

____¿Necesitas más confianza?
____¿Te preguntas por tu futuro?
____¿Estás buscando buenos amigos?
____¿Estás cansado de hacer lo que no debes?
____¿Estás harto de fracasar?
____¿Te aburre tu vida o sientes que es una rutina?
____¿Quisieras la aprobación de tus padres?

Bien, ¡tengo buenas noticias que darte! ¿Sabes que pasar tiempo en la Palabra de Dios te ayuda a tener éxito en todas esas áreas... y más? ¿Qué puedes hacer para asegurarte de no perderte el milagro del crecimiento espiritual diario? Aquí tienes algunos pasos que puedes dar para comenzar a entender mejor la Biblia —o para ayudarte a seguir creciendo— y cambiar tu vida por completo. Cuando das estos pasos cada día, decides transformar tu tiempo con Dios en una prioridad: ¡en tu prioridad número uno!

- Paso 1: Lee la Palabra de Dios. No importa dónde comiences. La única manera errónea de leer la Biblia es no leerla.
- Paso 2: Estudia la Palabra de Dios. Profundiza. Es tan fácil como leer este libro, quizá con un lápiz en tu mano para tomar notas. Cuando te enganches, pídeles a tus padres una Biblia de estudio para jóvenes. (¡Y prepárate para sujetarlos cuando se desmayen!). También puedes pedirle a alguien que te ayude a sacarle más partido a tu lectura bíblica, quizá tu papá o tu líder de jóvenes.
- Paso 3: Escucha la Palabra de Dios. Asiste a la iglesia y únete al grupo de jóvenes. Ve donde tengas que ir para escuchar la enseñanza y la explicación de la Palabra de Dios para que puedas aplicarla a tu vida.
- Paso 4: Memoriza la Palabra de Dios. (¡Más acerca de esto en un minuto!). No hay mejor forma de vivir a la manera de Dios que tener su Palabra en tu mente y tu corazón... ¡y

seguirla! Si su Palabra esta en ti, Dios la usará en tu vida. La Biblia es parte de la armadura que un soldado de Cristo (¡que eres tú!) debe ponerse todos los días (ver Efesios 6:13-17). Es tu espada. No hagas nada sin ella.

- Paso 5: Desea la Palabra de Dios. Ya conoces la importancia de la comida física. De hecho, ¡probablemente nunca tengas suficiente! Bien, necesitas ver la comida espiritual de la Palabra como ves la comida física. Es algo bueno para ti, algo que te llena y te satisface, y necesario para el crecimiento de la salud espiritual. Job dijo esto de la Palabra de Dios: "He atesorado sus palabras más que la comida diaria" (Job 23:12, NTV).

Antes de continuar, vuelve a leer estos pasos y analiza en cuál de ellos tienes que trabajar más.

La mejor clase de estudio

Si eres cristiano, es lógico que quieras aprender tanto como te sea posible acerca de Jesucristo y su Palabra. Piénsalo: de todas las cosas que aprendes en la vida, ¿cuál es la más importante? ¡No es Álgebra ni Biología! Aunque es importante y necesario estudiar esas materias, lo fundamental es conocer quién es Dios y lo que quiere hacer en tu vida. Cuanto más aprendas sobre Él, más seguro te sentirás y más fuerza tendrás para los retos que tengas que afrontar. ¡La lectura de la Biblia es la mejor clase de estudio![1]

Sobre la memorización de las Escrituras

Si eres como la mayoría de los adolescentes, no te cuesta memorizar las letras de tus canciones favoritas. A menudo veo chicos escuchar música constantemente y los oigo cantar mientras van caminando por el pasillo de una tienda. Las palabras están en su mente y salen de su boca. Bueno, la memorización de la Palabra de Dios puede ser así de sencilla y natural, si decides hacerla parte de tu vida.

Cuando llegues a los ejercicios al final del capítulo, verás que Dios le dijo a Josué que "meditara" en su Palabra "día y noche" (Josué 1:8). Esto significa que Dios esperaba que Josué conociera su Palabra de memoria para que ella (y no la letra de una canción) actuara en su mente, guiara sus pensamientos, influyera en sus decisiones y saliera de su boca.

La Biblia también les dice a los jóvenes que "atesoren" la Palabra de Dios en sus corazones. ¿Por qué? Para no pecar contra Él (Salmos 119:11). Cuando tienes la Biblia en tu corazón, es como una protección contra el pecado, contra las malas decisiones y contra el dolor y la vergüenza que a menudo surgen cuando se toman malas decisiones.

A María, la joven adolescente que llegó a ser la madre de Jesús, nuestro Salvador, le apasionaba memorizar partes de la Biblia. ¿Cómo lo sabemos? Porque María atesoraba en su corazón la Palabra de Dios y meditaba en ella. Cuando abrió la boca para adorar a Dios por la bendición de su Salvador, salieron versículos bíblicos; ella citó al menos quince pasajes del Antiguo Testamento (Lucas 1:46-55). Eran versículos y verdades que María había memorizado a propósito (¡una decisión!) con todo su corazón. Se convirtieron en su manera de hablar. Cuando abría la boca, de sus labios fluía la Palabra de Dios, y las Escrituras en su corazón le ayudaron a vivir el plan de Dios para ella de convertirse en la madre de Jesús.

Empieza a memorizar versículos

Aquí tienes una tarea especial para ti. ¿Cuál es tu versículo preferido de la Biblia? Anótalo aquí y memorízalo. ¡Aprópiate de él! Si no se te ocurre ninguno, utiliza uno de los dos que aparecen a continuación.

Mi versículo favorito es:

¡Sé fuerte y valiente! ¡No tengas miedo ni te desanimes! Porque el SEÑOR tu Dios te acompañará dondequiera que vayas (Josué 1:9).

Reconócelo en todos tus caminos, y él allanará tus sendas (Proverbios 3:6).

Toma las decisiones difíciles

Piénsalo: la Biblia es siempre toda tuya y es la mejor fuente de verdad y poder. La Palabra de Dios se abre paso hasta tu corazón. Le pone el turbo a tu alma. Y cambia tu manera de verte a ti mismo, ver a otras personas y ver las cosas que ocurren en tu vida. ¿Quieres una vida mejor y más satisfactoria? ¡Buenas noticias! Puedes tenerla. Tu vida mejor está muy cerca de ti y es tan fácil como tomar la decisión de agarrar tu Biblia cada día, abrirla y pasar unos minutos dejando que Dios te hable directamente. Cuando hagas esto, sabrás qué hacer y cómo manejar todo lo que llegue a tu camino. Recibirás tus órdenes de marcha.

Los chicos que ayudan a los chicos

Anota tres cosas que Jasón no hizo y que llevaron su día por un camino caótico.

¿Qué le dirías a Jasón sobre la importancia de tener un tiempo con Dios, y la diferencia que puede producir en su conducta?

De todos los versículos de este capítulo, ¿cuál significó más para ti y que podrías transmitir a Jasón?

¿En qué cosas eres como Jasón y qué nueva decisión tienes que tomar?

¿Quieres saber más?

¡Averígualo!

Lee Salmos 19:7-11. En cada versículo, observa los distintos términos o palabras que se usan para la Biblia. Escribe también cómo se la describe y los efectos que tiene en los que la leen.

	Término	Descripción	Efecto
Versículo 7			
Versículo 8			
Versículo 9			
Versículo 10			

Versículo 11: ¿Qué beneficios obtiene el que escucha y guarda la Palabra de Dios?

Lee Josué 1:7. ¿Cuáles son los mandamientos de Dios con respecto a su Palabra? Al leer, recuerda que "éxito" es la bendición de Dios derramada sobre tu vida por tu obediencia. Él te bendice cuando vives a su manera.

—

—

Cuando haces lo que Dios dice, ¿qué experimentas?

Ahora lee Josué 1:8. ¿Cuáles son los mandamientos de Dios con respecto a su Palabra?

—

—

—

Cuando haces lo que Dios dice, ¿qué experimentas?

Las pautas de Dios para la toma de buenas decisiones

- *La Biblia te aleja del pecado.* "En mi corazón atesoro tus dichos para no pecar contra ti" (Salmos 119:11).
- *La Biblia te guía por el buen camino.* "Tu palabra es una lámpara a mis pies; es una luz en mi sendero" (Salmos 119:105).
- *La Biblia responde tus preguntas.* "Toda la Escritura es inspirada por Dios y útil para enseñar, para reprender, para corregir y para instruir en la justicia" (2 Timoteo 3:16).
- *La Biblia actúa en el corazón.* "La palabra de Dios es viva y poderosa… y juzga los pensamientos y las intenciones del corazón" (Hebreos 4:12).
- *La Biblia es tu mejor tesoro.* "[Las Escrituras] son más deseables que el oro, más que mucho oro refinado; son más dulces que la miel, la miel que destila del panal" (Salmos 19:10).

Decisión #3:

Conoce el plan de juego

En toda ocasión, con oración y ruego,
presenten sus peticiones a Dios
y denle gracias.

—Filipenses 4:6

¡Aleluya! ¡Jasón se levantó! ¡Al fin! De pie junto a su cama, al mirar su Biblia y su lección terminada del estudio bíblico sobre la mesita de noche, se llena de satisfacción… hasta que se acuerda de que ha fracasado miserablemente en su compromiso de orar cada día de esta semana. En realidad no era un compromiso que él había querido hacer, pero todos sus amigos en el grupo de jóvenes lo habían hecho, así que les siguió la corriente. Estaban estudiando acerca de la oración y querían poner en práctica lo que estaban aprendiendo, así que hicieron el compromiso de orar cada día durante una semana.

"¿En qué estaba yo pensando? ¡No puedo creer que haya hecho eso! —murmura Jasón—. ¡Qué pérdida de tiempo! Todo va bien en mi vida. ¿Por qué tengo que orar? ¿Y por quién… y por qué cosas?

¿Por misioneros que no conozco? ¿Por personas enfermas? Y claro que la familia es importante, pero no sé si orar por Alberto y Ana. Aunque son mis hermanos, ¡son un tormento!". Pero luego, con un suspiro dice: "Está bien, Dios, aquí voy. Bendice a los misioneros y a mi familia hoy, incluso a Alberto y a Ana. Y, por supuesto, ¡bendíceme a mí! Amén. Ah, y también a mamá y papá".

Dios nos llama a orar, pensar, soñar, planificar y trabajar no para que nos exaltemos, sino para que lo exaltemos a Él en cada esfera de nuestra vida.[1]
—John Piper

Dios está a tu disposición: 24/7

"¿Suena tu teléfono celular?". Es algo que escuchamos a diario, ¿no? Parece que todos tienen un celular, y la mayoría de las personas tiene uno con cobertura total. Hay muy pocos lugares donde no puedas recibir la señal.

En muchos aspectos, la oración es como un celular: puedes orar cuando quieras, donde quieras, todo el tiempo que quieras. Sin embargo, a diferencia de un celular, la oración es totalmente gratis. Además, no hace falta buscar en un directorio para encontrar el número de teléfono de Dios. La comunicación con Él no requiere audífonos, es manos libres. Asimismo, tienes línea directa con el Dios del universo las veinticuatro horas del día los siete días de la semana. ¿Qué te parece esa tecnología? ¡Eso es tecnología divina!

Diez razones por las que no oramos

Con los detalles de la oración tan simples como inclinar tu cabeza y sencillamente hablar de tu vida con Dios, cualquiera pensaría que oraríamos mucho más de lo que lo hacemos. ¿Alguna vez has pensado por qué no oras más? Probablemente lo hayas hecho, y yo también. ¡Con bastante frecuencia, de hecho! Al mirar mi propio corazón y mi vida, he descubierto algunas razones (y excusas) que el pueblo de Dios con frecuencia utiliza para no orar. ¿Alguna vez has usado alguna de estas excusas?

1. *Mundanalidad*

El mundo nos afecta más de lo que pensamos. Ejerce una presión constante sobre nosotros para que nos conformemos y vivamos como lo hace el mundo... en lugar de vivir a la manera de Dios. Y como tenemos la comida, el vestido y el hogar que necesitamos, además de familia, amigos y muchas cosas divertidas, cometemos un grave error y decidimos: "¿Por qué tengo que hablar con Dios? Tengo todo lo que necesito sin orar. Además, orar me pone nervioso".

2. *Ocupaciones*

Como Jasón, otro motivo por el que no oramos es porque no le dedicamos tiempo ni nos esforzamos por orar. No vemos la oración como una prioridad, así que llenamos nuestro tiempo con otras cosas que consideramos más importantes. Estamos tan ocupados que ni siquiera pensamos en cómo incluir la oración en nuestra vida cotidiana.

3. *Insensatez*

Como estamos tan centrados en cuestiones insensatas, triviales y sin valor, dejamos de orar. Con el tiempo, nuestros sentidos se nublan hasta tal punto que perdemos la capacidad de reconocer la diferencia entre lo bueno y lo malo, lo esencial y lo que tiene poco o ningún valor eterno. Lentamente, la vida se convierte cada vez más en una "zona gris" que no pensamos que requiera oración.

4. *Distancia*

No nos cuesta emplear tiempo para hablar con nuestros amigos. Jasón y su amigo Juan podrían hablar durante horas sobre fútbol, juegos de computadora o chicas, ¡y lo hacen! Pero ¿qué ocurre con las personas que Jasón no conoce muy bien? ¡Olvídalo! Pasa lo mismo al hablar con Dios. Cuando tu relación con Él no es muy estrecha, te cuesta hablarle. No sabes qué decir, y no te sientes cerca de Él ni estás cómodo en su presencia. Así que no oras.

5. *Ignorancia*

No tenemos ni idea de cómo funciona la oración y no entendemos cómo encaja en nuestra relación con Dios o cómo nos ayuda a tomar buenas decisiones. Y como no sabemos mucho de la Biblia, realmente no entendemos el amor de Dios por nosotros y su poder para mejorar nuestra vida.

6. *Pecado*

No oramos porque sabemos que hicimos algo mal. En nuestro corazón, sabemos que tenemos que hablar con Dios al respecto, admitirlo, confesarlo y ponernos de acuerdo con Él en que eso estuvo mal. Pero como nos sentimos culpables, tomamos otra mala decisión y dejamos a un lado esa conversación sincera con Dios.

¿Qué podemos hacer con nuestros pecados y fracasos? Toma la decisión de mantener las cuentas claras con Dios. Trata cualquier pecado cuando se produzca, en el acto, en el minuto exacto en que ocurre el desliz y tropiezas. ¿Le gritaste a tu mamá? Dile a Dios que eso estuvo mal (y luego díselo también a tu mamá). ¿Te portaste mal con tu hermano o tu hermana? Vuelve a hacer aquí lo mismo. ¿Tomaste la decisión de no sacar la basura y dejar que papá lo hiciera? Lo mismo. Admite ante Dios lo que hiciste y (ya lo sabes) discúlpate con papá. Cualquier mentira, pereza, lujuria o engaño debemos confesarlo y aclararlo con Dios. Cuando hayas aclarado las cosas con Él, estarás agradecido por su perdón y querrás hablar con Él de todo lo que ocurre en tu vida. Él es el único que siempre te escuchará, siempre te perdonará y siempre te mostrará la mejor manera de vivir.

7. *Falta de fe*

Realmente no creemos en el poder de la oración. A menudo se

debe a que no conocemos las maravillosas promesas que nos hizo Dios sobre la oración. Desconocemos que Él nos asegura que responderá a nuestras oraciones y, por tanto, no pensamos que la oración logre cambio alguno. Así que… no oramos.

8. *Orgullo*

La oración refleja nuestra dependencia de Dios. Cuando no oramos, nuestro orgullo transmite que no tenemos necesidades. O peor aún, decimos: "No gracias, Dios; yo me ocuparé de mí mismo. Estoy bien. No te necesito en este momento".

9. *Inexperiencia*

No oramos porque… ¡no oramos! Y como no oramos, no sabemos cómo orar… ¡así que no oramos! Somos como un perro que persigue su propia cola. Es un ciclo que no lleva a ninguna parte.

10. *Pereza*

Quizá esta sea la razón principal por la que no oramos. Sencillamente, no podemos o no queremos hacer el esfuerzo de hablar con Dios. La oración es un acto de la voluntad. Es una decisión. Tenemos que querer hacerlo… y después decidir hacerlo.[2]

Qué dice la Palabra de Dios

Mientras lees cada una de estas promesas y garantías sobre la oración, observa el mensaje de Dios para ti con respecto a tu vida y a cómo la oración te ayuda a vivir a su manera.

> *Clama a mí y te responderé, y te daré a conocer cosas grandes y ocultas que tú no sabes* (Jeremías 33:3).

Crean que ya han recibido todo lo que estén pidiendo en oración, y lo obtendrán (Marcos 11:24).

Así que acerquémonos confiadamente al trono de la gracia para recibir misericordia y hallar la gracia que nos ayude en el momento que más la necesitemos (Hebreos 4:16).

¿Está afligido alguno entre ustedes? Que ore (Santiago 5:13).

Si a alguno de ustedes le falta sabiduría, pídasela a Dios, y él se la dará (Santiago 1:5).

Amen a sus enemigos y oren por quienes los persiguen (Mateo 5:44).

Si confesamos nuestros pecados, Dios, que es fiel y justo, nos los perdonará y nos limpiará de toda maldad (1 Juan 1:9).

¡Una amonestación! *No tienen, porque no piden. Y cuando piden, no reciben porque piden con malas intenciones, para satisfacer sus propias pasiones* (Santiago 4:2-3).

Toma las decisiones difíciles

Una lista de control de la oración

La oración es una actividad espiritual y, como cualquier otra actividad, requiere una decisión y requiere esfuerzo. Así que si no oras, o no oras mucho, fíjate en esta lista de control:

- *Examina tu relación con Dios.* ¿Hay algo que haya creado una barrera entre tú y Dios? Si es así, admítelo ante Él. Pídele que te ayude a hacer lo que sea necesario para superar los obstáculos que hay entre tú y una relación amorosa y abierta con Dios, una relación que te permita hablar con Él sobre cualquier cosa... incluido tomar buenas decisiones.
- *Examina tu estilo de vida.* ¿Qué, o quién, influye en ti? ¿Hay algo que influya positivamente en ti para las cosas de Dios? Si no es así, ¡qu*í*talo de tu vida! Nada ni nadie es tan importante como para poner en peligro tu relación con Dios y tu capacidad de hablar con Él en oración.
- *Examina tu deseo.* La oración nunca se transformará en un hábito fuerte ni en una disciplina espiritual si falta el ingrediente principal: el deseo. Podemos saber qué hacer y por qué hacerlo, pero si no queremos hacerlo, no se volverá una realidad en nuestra vida.

Hacia una vida de oración

¿Quieres orar? Creo que sí. Aquí tienes dos principios sencillos (¡que te dan dos decisiones más!) que te ayudarán a avanzar para derrotar o vencer tus excusas para no orar.

Principio #1

Vete a la cama. Tu objetivo es cumplir mañana la primera decisión: ¡levantarte a tiempo! Las demás cosas buenas comienzan con esta decisión. Bueno, la acción de levantarse comienza pensando en ello tan pronto como termines de cenar. Termina tu tarea, haz todo lo que tienes que hacer antes de acostarte, revisa tu agenda para mañana y crea una lista de cosas para hacer al día siguiente. Asegúrate de tener cerca tu Biblia y un cuaderno de oración donde vayas a tener tu tiempo a solas con Dios por la mañana (Dios mediante). Después, vete a dormir temprano a fin de poder encontrarte con tu Padre celestial y hablar con Él al otro día.

Y aquí tienes otra razón para irte a la cama: "Los expertos en sueño dicen que la mayoría de los adolescentes necesita entre ocho horas y media y nueve horas y cuarto de sueño todas las noches. Sin embargo, la gran mayoría de los adolescentes (el 85%) duerme menos: de promedio, unas dos horas menos. Como resultado, casi todos los adolescentes de hoy tienen una falta de sueño crónica. Muchos tienen tanto sueño que viven en una especie de 'mundo nebuloso'... la palabra 'zombi' es una descripción bastante acertada".[3]

Principio #2

Tal vez hayas oído el dicho: "Algo es mejor que nada". Cualquier oración es mejor que ninguna, ¿correcto? Un poco de oración es mejor que nada de oración. Comienza con la decisión de orar al menos unos minutos cada mañana. De forma gradual, ve aumentando el tiempo de oración.

Los chicos que ayudan a los chicos

Anota dos o tres excusas que tenía Jasón para no orar. Además, anota algunas de sus actitudes.

¿Qué podrías decirle a Jasón sobre la importancia de la oración y el cambio que puede lograr en su vida? ¿Qué podrías decirle acerca del cambio que la oración ha logrado en tu propia vida?

De todos los versículos que aparecen en este capítulo, ¿cuál significó más para ti y que podrías transmitir a Jasón, y por qué?

¿En qué te pareces a Jasón y qué nuevas decisiones debes tomar para empezar a orar?

¿Quieres saber más?

¡Averígualo!

La Biblia está llena de personas que tomaron la decisión de orar por sus vidas y sus decisiones. Fíjate en lo que puedes aprender sobre el cambio que logró la oración en las vidas de esas personas y sobre lo que ellos hablaban con Dios.

1. David: Lee Salmos 32:1-5. ¿Qué problema tenía David en su vida y qué sucedió cuando oró?

2. Abraham: Lee Génesis 18:20-33 y 19:29. ¿Qué le preocupaba a Abraham y qué hizo al respecto? ¿Cuáles fueron los resultados?

3. Jesús: Lee Lucas 6:12-13. ¿Durante cuánto tiempo oró Jesús y qué decisión tomó después? Anota las decisiones que tienes por delante y luego, en tu calendario, marca un momento para orar por eso.

4. Jesús: Lee Mateo 26:36-44. ¿Cuál era la intención de Jesús en el versículo 36?

   ¿Cómo se describe la seriedad de la situación de Jesús en los versículos 37-38?

   ¿Cuál era la postura postura de Jesús cuando oraba (versículo 39)?

Jesús oraba sobre el "trago" amargo de la muerte en la cruz. ¿Cuántas veces oró acerca de la voluntad de Dios (versículos 39-44)?

¿Cuál era el deseo de Jesús, expresado repetidas veces en sus oraciones (versículos 39, 42 y 44)?

Después de pasar mucho tiempo en oración, ¿cómo respondió Jesús ante el plan de Dios para Él de morir por los pecadores (versículos 45-46)?

La vida de oración de Nehemías

Cuando estaba desalentado, oraba (1:4).
Cuando buscaba guía, oraba (1:5-11).
Cuando buscaba ayuda, oraba (2:1-5).
Cuando lo atacaban, oraba (4:4-5, 9).
Cuando se sentía débil e impotente, oraba (6:9).
Cuando estaba contento, oraba (12:27, 43).[4]

Las pautas de Dios para la toma de buenas decisiones

- *Busca la obediencia a la Palabra de Dios.* "Dios aborrece hasta la oración del que se niega a obedecer la ley" (Proverbios 28:9).

- *Trae confiado todas tus preocupaciones delante de Dios.* "Dios sí me ha escuchado, ha atendido a la voz de mi plegaria. ¡Bendito sea Dios, que no rechazó mi plegaria ni me negó su amor!" (Salmos 66:19-20).

- *Ora siempre en tiempos de prueba.* "Los ojos del SEÑOR están sobre los justos, y sus oídos, atentos a sus oraciones... los justos claman, y el SEÑOR los oye; los libra de todas sus angustias" (Salmos 34:15, 17).

- *Sustituye la preocupación por la oración.* "No se inquieten por nada; más bien, en toda ocasión, con oración y ruego, presenten sus peticiones a Dios y denle gracias. Y la paz de Dios, que sobrepasa todo entendimiento, cuidará sus corazones y sus pensamientos en Cristo Jesús" (Filipenses 4:6-7).

- *No te olvides de orar por otros.* "Oren en el Espíritu en todo momento, con peticiones y ruegos. Manténganse alerta y perseveren en oración por todos los santos" (Efesios 6:18).

Decisión #4:

La Regla de Oro comienza en casa

Traten a los demás tal y como quieren que ellos los traten a ustedes.

—Lucas 6:31

Atención: Jasón se puso en marcha. Al fin salió de su cama, ¡muy tarde! Ya tuvo un altercado con su mamá y ahora está libre. Mientras va dando tumbos por el pasillo hacia el baño, todo el mundo lo espera, comenzando por su hermanito Alberto. *¡Qué molestia!*, piensa Jasón. Alberto tiene tres años menos que Jasón y siempre lo molesta terriblemente, en especial cuando los amigos de Jasón vienen a casa. *¡Uf! Ahí está Ana, que tiene casi diez años. Cree que es una princesa... y así actúa.* "Se creerá una princesa, pero aquí yo soy el rey", murmura Jasón mientras se mete con sus hermanos por el pasillo, advirtiéndoles que no se pongan en su camino.

Jasón actúa como si su llamado en la vida fuera encontrar maneras de amargar la vida de Alberto y de Ana. Y ahí está la primera oportunidad del día. Y así es, sus pobres hermanitos sufren las consecuencias del enojo matutino de su hermano cuando les dice: "¡Apártense! ¡Y salgan del baño! ¿No ven que llego tarde? ¡Denme un poco de privacidad!". Jasón saca a sus hermanos del baño a la fuerza, les cierra la puerta en la cara y cierra con llave. Sin duda, ellos también tienen que prepararse para la escuela, así que golpean la puerta y gritan para que su mamá acuda al rescate.

A simple vista, parece que a Jasón le están saliendo bien las cosas. Primero, evitó sacar la basura ("¡Gracias, papá!"). Luego manipuló y mintió a su mamá para escapar del castigo por levantarse tarde. Y ahora intimida a sus hermanos para que salgan del baño e impone su ley ("¡Creo que han aprendido quién manda aquí!").

Qué dice la Palabra de Dios

Estoy seguro de que has oído acerca de la Regla de Oro. ¿Sabías que Jesús fue el primero que la mencionó? A continuación están los versículos que citó Jesús. Ten en mente mientras los lees que

> estos versículos se conocen comúnmente como la Regla de Oro. En muchas religiones, se expresa negativamente. "No hagas a otros lo que no quisieras que hicieran contigo". Al hacer esta declaración positiva, Jesús le dio mucho más significado. No es difícil frenar nuestra intención de causar daño a alguien; es mucho más difícil tomar la iniciativa para hacer un bien a favor de esa persona. La Regla de Oro, como Jesús la formuló, es el fundamento de la bondad y la misericordia activas, como las que Dios nos muestra cada día.[1]

Cuando leas estos versículos, intenta escribir un resumen del mensaje que tienen para ti.

Así que en todo traten ustedes a los demás tal y como quieren que ellos los traten a ustedes (Mateo 7:12).

Traten ustedes a los demás tal y como quieren que ellos los traten a ustedes (Lucas 6:31).

Lo que eres en casa es lo que eres en verdad

Este es un dicho que intento recordar siempre: "Lo que eres en casa es lo que eres en verdad". ¡Y es cierto! Piénsalo un instante. ¿Por qué un cristiano se comportaría de una manera en público —en la escuela, la iglesia o el equipo deportivo— y de otra diferente en casa? ¿Por qué un cristiano se comportaría de una manera con sus amigos y de otra distinta con su familia?

La palabra para este tipo de conducta doble es *hipocresía*. Significa "falso" y describe una persona que es un engañador, un actor. Tal individuo es un simulador, alguien que se pone una máscara y finge ser algo que no es. Significa ser de determinada manera con algunas personas y, después, cambiar y ser lo opuesto con otras.

¿Has conocido alguna vez a una persona de doble cara, que se comportaba de dos formas diferentes? O (espero que no, pero ¡tengo que preguntártelo!), ¿has actuado tú alguna vez con doble cara? Desdichadamente, como verás en seguida, Jasón tiene dos caras. Representa dos papeles. Es una versión moderna del Dr. Jekyll y Mr. Hyde. Es malo, desagradable y áspero al hablar con su familia, y responde solo con gruñidos, levantando los hombros, con expresiones faciales y gestos con sus manos. Pero ¿qué le pasa a Jasón cuando está con sus amigos? Es el mejor, se muestra amigable, sonríe y saluda a todos. Es abierto y simpático, y ayuda más que cualquier otro. No lo reconocerías si lo vieras. ¿Es el mismo tipo que amarga a su familia todos los días?

Qué dice la Palabra de Dios

Afortunadamente, la Biblia nos enseña la manera correcta de tratar a nuestra familia, así que sigue leyendo. A veces, podemos aprender mucho sobre nuestras acciones al estudiar sus opuestos. ¿Qué dicen estos pasajes sobre las acciones opuestas a la mala conducta de Jasón con su familia? Puede que quieras subrayar los mandamientos o escribir tus propias anotaciones.

> *Sean bondadosos y compasivos unos con otros* (Efesios 4:32).

> *Por tanto, imiten a Dios, como hijos muy amados, y lleven una vida de amor, así como Cristo nos amó y se entregó por nosotros* (Efesios 5:1-2).

> *En cambio, el fruto del Espíritu es amor, alegría, paz, paciencia, amabilidad, bondad, fidelidad, humildad y dominio propio* (Gálatas 5:22-23).

Jesús te transforma de adentro hacia fuera

¿Te diste cuenta de que muchas de las decisiones que mencionamos tienen que ver con tu corazón? En esencia, implican querer vivir para Dios, aprender lo que Él nos dice sobre los asuntos de la vida y luego tomar buenas decisiones que se basan en lo que su Palabra dice. Y lo mismo sucede con la decisión de poner en práctica la Regla de Oro. La manera en que hablas y tratas a los demás es una cuestión del corazón. ¿Por qué lo digo? Porque Jesús lo dijo. Funciona de la siguiente manera:

> *De la abundancia del corazón habla la boca. El que es bueno, de la bondad que atesora en el corazón saca el bien, pero el que es malo, de su maldad saca el mal* (Mateo 12:34-35).

¿Recuerdas cómo era tu vida antes de ser cristiano? ¿Te acuerdas de cómo actuabas delante de los demás y cómo tratabas a las personas? El apóstol Pablo dice que estabas muerto en tus pecados, que las fuerzas del mal te controlaban. Tus acciones eran conformes a un corazón incrédulo (Efesios 2:1-3).

Pero gracias a Dios que, en su gran amor, te mostró misericordia y te dio vida con Cristo. Por la gracia de Dios fuiste salvado (Efesios 2:4-5). Y por la gracia de Dios, también fuiste transformado (cambiado) desde adentro hacia fuera. Ahora eres una nueva criatura en Cristo (2 Corintios 5:17). Por tanto, tienes que poner en práctica lo que Dios ha puesto en tu corazón: las obras del Espíritu Santo (vuelve a leer Gálatas 5:22-23 en la página anterior).

Decisiones para poner en práctica la Regla de Oro

Una cosa es saber lo que deberías hacer, y otra cosa es hacerlo —hacer las cosas que te ayudan a vivir a la manera de Dios—. Y eso incluye cómo te comportas con los demás. Con esto en mente, aquí tienes algunas decisiones que puedes tomar:

1. *Decide hacerte un chequeo espiritual*

¿Estás cansado de tu manera de vivir y de cómo tratas a las personas? Entonces pídele a Jesús que te ayude a hacerte un chequeo espiritual. Pregúntate: ¿Ha transformado Dios mi corazón desde adentro hacia fuera? ¿Es Jesús en verdad mi Salvador? ¿He sometido mi vida a su dirección?

Si respondes que no a alguna de estas preguntas, significa que aún estas espiritualmente muerto. Tu situación requiere una transformación espiritual completa... desde adentro hacia fuera. Así que comienza el proceso pidiéndole a Jesús que entre en tu corazón y en tu vida. Necesitas la vida que solamente Él puede darte. Una simple oración sincera te hará estar vivo espiritualmente. La única manera de vivir como Jesús y de respetar la Regla de Oro es invitarlo a que sea tu Señor y Salvador. Este es un modelo de oración que puedes hacer a Jesús:

> Señor Jesús, no te conozco como mi Salvador. Estoy separado de ti por mis pecados. Perdóname. Ven a mi vida ahora y toma control de mis acciones. Quiero seguirte. Quiero amar a los demás. Quiero ser amable. Quiero todas las cualidades que, según la Biblia, caracterizan a un cristiano. Ayúdame a alejarme de mis pecados y seguir tu ejemplo. Y ayúdame a amar a los demás como tú me has amado. Amén.

2. *Decide volver a examinar tu corazón*

Si Jesús es tu Salvador, tienes la capacidad de ser amable con todos, de tratar a los demás como los trató Jesús. Su Espíritu vive en ti. Entonces, ¿dónde está el problema? ¿Has considerado que pueda haber algún pecado no confesado en tu corazón?

El pecado es como la mugre en las cañerías. Cuando hay basura y suciedad en una cañería, el agua no puede pasar con libertad. El pecado funciona así. Obstruye el fruto del Espíritu Santo en ti y no le deja producir sus mejores acciones y actitudes. Tu pecado ahoga y contrista el trabajo del Espíritu Santo en ti. Eso significa que es vital que decidas confesar tus pecados (1 Juan 1:9) y permitas que Dios limpie toda la suciedad que impide la obra que Él quiere hacer en tu vida.

3. Decide leer la Biblia

La Biblia tiene el poder de cambiarte desde adentro hacia fuera. Cuando tomas la primera decisión del día (después de levantarte, claro), la de leer la Biblia, descubrirás que no eres el mismo. La Palabra de Dios es pura, poderosa y revolucionaria. Cuando la lees, ya no piensas ni actúas de maneras mundanas y dañinas. A medida que leas la Palabra de Dios, descubrirás que su Espíritu te transformará haciendo de ti un mejor hijo, hermano y persona, que decide tratar a todos —especialmente a la familia— basándose en la Regla de Oro, como hizo Jesús (Romanos 12:1-2).

4. Decide ser amable en casa

Quizá sea difícil creerlo, pero no hay nada como la familia. Los amigos van y vienen. Algunos son inconstantes y pueden volverse en tu contra. Otros se mudan lejos o pasan a formar parte de otros grupos. Sin embargo, tu familia es para siempre. Dentro de un año, cinco años, diez años, veinte años y más, seguirás teniendo a tu familia. Por tanto, invierte la mayor parte de tu amabilidad y bondad en casa. Los miembros de tu familia son las personas que más te deberían importar. Sí, ¡incluso tus hermanos ruidosos y fastidiosos! ¿Cuán difícil es ser útil y mostrar amabilidad a cada familiar...

...decidiendo saludar con alegría por la mañana?

...decidiendo decir un cumplido todos los días?

...decidiendo ayudar a tu hermanita a limpiar la leche que se derramó?
...decidiendo ayudar a tu hermanito a encontrar su mochila?
...decidiendo ayudar a mamá con las bolsas del mercado?
...decidiendo ayudar a papá cuando lo veas trabajando en casa o en el jardín?

La Biblia dice que Jesús "iba haciendo el bien", ¡y tú también puedes hacerlo!

Toma las decisiones difíciles

¿No te encanta cuando las personas practican la Regla de Oro y te tratan bien? Es una sensación maravillosa, ¿verdad? Pero, desdichadamente, es demasiado fácil olvidar tratar a los demás según la Regla de Oro, en especial a nuestra familia. ¿Cuántas veces te han dicho tus padres: "Sé bueno con tus hermanos"? (O quizá lo dicen de otra forma: "¿Por qué no tratas bien a tus hermanos?"). Es probable que más veces de las que quisieras admitir, ¿no es así? ¿Y qué me dices de tus padres? Se merecen también que los trates mejor, ¿no es cierto? De hecho, la Biblia te dice que los honres, obedezcas y respetes (Efesios 6:1-2).

Bien, ¿sabías que la Biblia nunca te dice que "seas bueno" con los demás? ¡Un momento! Antes de que tomes esto literalmente y salgas corriendo a portarte mal con alguien, déjame explicarlo. Lo que la Biblia dice es que debemos ser "bondadosos" (Efesios 4:32). Tienes que revestirte "de afecto entrañable y de bondad, humildad, amabilidad y paciencia" (Colosenses 3:12).

¿Cuál es la diferencia entre ser bueno con los demás y ser bondadoso? Ser bueno solamente requiere que seas educado, pero ser bondadoso significa que te interesas por la otra persona. Cuando eres bondadoso, eres compasivo y considerado, y te interesas genuinamente por los que te rodean. Se puede ser bueno con otra persona externamente, aunque no la soportes por dentro; pero la bondad es distinta. Es una acción profunda, intensa y sincera. La bondad es verdadera, sale del corazón.

Sí, pero ¿cómo?, te preguntarás. Tu tarea es sencilla, pero por alguna extraña razón es una decisión muy difícil de tomar. Tienes que decidir ser bondadoso, tienes que decidir practicar la Regla de Oro, y repito, especialmente en casa. Piensa en lo que significaría para tu familia que tú fueras el mejor hijo y hermano del mundo. Sería una bendición para ellos, y estarías honrando a Dios con tus acciones.

Los chicos que ayudan a los chicos

Anota dos o tres maneras en que Jasón maltrató a su familia. Anota también algunas de sus actitudes.

¿Qué le dirías ahora a Jasón sobre la razón y la manera de practicar la Regla de Oro de Dios en su casa?

De todos los pasajes que aparecen en este capítulo, ¿cuál significó más para ti y que podrías transmitir a Jasón, y por qué?

¿En qué te pareces a Jasón y qué nuevas decisiones tienes que tomar con respecto a tu familia... y a las personas en general?

¿Quieres saber más?

¡Averígualo!

La Biblia tiene mucho que decir sobre hacer a los demás lo que quieres que te hagan. Frecuentemente, se hace referencia a los demás como "unos a otros". Varias de esas cosas están enumeradas abajo; léelas en tu Biblia. Copia la idea principal (lo de "unos a otros") en cada versículo. Luego anota cómo puedes aplicarlos con tus amigos y conocidos... incluso con los que son, en palabras de Jesús, tus enemigos (Lucas 6:27).

Romanos 12:10—

Romanos 12:16—

Gálatas 5:13—

Efesios 4:2—

Efesios 4:32—

Efesios 5:21—

1 Tesalonicenses 5:11—

Santiago 4:11—

1 Juan 3:11—

Las pautas de Dios para la toma de buenas decisiones

- *No permitas que nadie te separe de tu familia.* "¡Cuán bueno y cuán agradable es que los hermanos convivan en armonía!" (Salmos 133:1).
- *Conviértete en el mejor ayudador del mundo en casa.* "No nos cansemos de hacer el bien... Por lo tanto, siempre que tengamos la oportunidad, hagamos bien a todos, y en especial a los de la familia de la fe" (Gálatas 6:9-10).
- *Nunca retengas la bondad.* "No niegues un favor a quien te lo pida, si en tu mano está el otorgarlo" (Proverbios 3:27).
- *Demuestra que eres cristiano por tu amor.* "El que ama a su hermano permanece en la luz, y no hay nada en su vida que lo haga tropezar. Pero el que odia a su hermano está en la oscuridad" (1 Juan 2:10-11).
- *Acepta el plan de Dios de la obediencia.* "Hijos, obedezcan en el Señor a sus padres, porque esto es justo. 'Honra a tu padre y a tu madre —que es el primer mandamiento con promesa— para que te vaya bien y disfrutes de una larga vida en la tierra'" (Efesios 6:1-3).

Decisión #5:

¿Dónde está mi camiseta favorita?

Háganlo todo para la gloria de Dios.

—1 Corintios 10:31

Después que toda la familia lo obliga a salir del baño, Jasón se va a su cuarto enojado. "Algún día —murmura— me iré de aquí y tendré mi propio apartamento. Entonces, podré quedarme todo el tiempo que quiera en el baño".

Al abrir la puerta de su cuarto, que luce un audaz letrero con las palabras "¡Prohibido el paso o morirás!", se pregunta: *Ahora, veamos... ¿qué me pongo?* Al entrar a su cuarto, un auténtico desastre le da la bienvenida. Ropa, libros, estuches de CD, trabajos sin terminar y basura diseminada por todas partes. "Bueno, no importa. Llego tarde a la escuela. Arreglaré mi cuarto en otro momento". (¿Cuántas veces había dicho exactamente las mismas palabras las pasadas semanas... e incluso los pasados meses?).

Después de esquivar varias pilas, Jasón se acerca a su armario.

Intenta abrir el cajón de arriba con dificultad, cuando una decisión previa llega hasta él para atormentarlo: en vez de doblar sus camisetas, Jasón eligió el camino de menos resistencia y simplemente llenó el cajón hasta arriba, ¡y hoy había llegado la hora de la verdad! Cuando finalmente logra abrir el cajón, se da cuenta de que todas sus camisetas están horriblemente arrugadas. *No importa* —piensa Jasón—. *¡La ropa arrugada está de moda! Veamos… ¿dónde está mi camiseta favorita?*

Un momento después, sin haber buscado con mucho detenimiento la camiseta, Jasón grita:

—Mamá, ¿dónde está mi camiseta favorita? ¡La que tiene esos dibujos tan modernos! (Los dibujos eran tan modernos y raros que incluso a Jasón le costaba describirlos).

—¡Mira en el piso del vestidor —grita su mamá desde la planta de abajo— donde dejas la mayor parte de tu ropa!

Efectivamente, al abrir la puerta del vestidor, un cerro enorme de ropa sucia lo mira fijamente. Por desdicha, eso significa que no queda mucha ropa que elegir para vestirse hoy para la escuela. Jasón suspira y piensa por un instante en su amigo Tomás. "¿Por qué no tendré una mamá como la de Tomás? La Sra. Ortiz es una mamá genial. Lava y dobla la ropa de Tomás y mantiene su cuarto arreglado. Tomás siempre tiene lista su camiseta favorita". Hay que decir que a Jasón se le olvidó considerar que Tomás era hijo único y que su mamá no trabajaba fuera de casa. Por el contrario, la mamá de Jasón tiene tres hijos, y una jornada laboral de ocho horas diarias. Pero como siempre, Jasón solo piensa en sí mismo. Mientras considera su vida tan "desdichada", ve algo en el fondo del vestidor…

"¡Un momento! ¿Qué es eso?", chilla Jasón. En una esquina remota, colgada en una percha, hay una camiseta que a sus padres no les gusta porque no están seguros de que cumpla el código de vestimenta de la escuela. Con el fabuloso hallazgo en sus manos, Jasón murmura: "No entiendo qué problema hay con esta camiseta. Las letras y los dibujos no están tan mal, y además, todos los chicos llevan camisetas con mensajes y dibujos atrevidos".

Jasón mira por la ventana. Ve a su mamá saliendo marcha atrás con el automóvil para llevar a sus hermanos a la escuela y luego irse a trabajar. *¿Por qué no?* —piensa—. *Esta es mi gran oportunidad de ponerme esta camiseta de la lista negra. Si lo hago bien, puedo llevarme algo rápido para comer de camino y salir antes que papá vea lo que llevo puesto. A fin de cuentas, es solo una camiseta. ¡No es para tanto! Vestido así pasaré inadvertido por completo. Y además, quizá se fije en mí esa chica nueva tan guapa de la escuela por llevar esta camiseta. ¿Y qué importa si me descubren? ¡Siempre puedo usar la excusa de que no tenía otra cosa que ponerme!*

La ropa hace al hombre

Está bien, hablemos. ¿Sabías que tu ropa refleja lo que sucede (¡o no sucede!) en tu interior, en tu corazón y tu mente? Jasón está a punto de tomar una decisión acerca de lo que se pondrá para ir a la escuela. Lo sé, es una decisión muy sencilla comparada con las otras muchas decisiones que tiene que tomar un joven, pero ¡es una decisión muy poco acertada por muchas razones! Lo creas o no, Dios quiere que le consultes en cuanto a las decisiones que tomas cada día, incluso en las más pequeñas. De hecho, Él tiene mucho que decir en la Biblia sobre lo que te pones; y como cristiano, Jasón es un representante de Dios, al igual que tú, y un anuncio vivo de Él.

Entonces, ¿cuál es el código de vestimenta de Dios? ¿Cuáles son sus pautas cuando se trata de tu vestimenta? ¿Y qué considera Él como errores de moda? Para comenzar, piensa en el hecho de que la Biblia da muchas instrucciones sobre lo que deben vestir las chicas. Eso es porque lo que visten las chicas es un reflejo de su carácter interno, y a Dios le interesa que lo representen bien. Y aunque esas instrucciones están dirigidas a las chicas, eso demuestra que Dios se interesa por nuestra vestimenta.

Aunque la Biblia realmente no dice nada concreto sobre la ropa que deben vestir los chicos, Dios tiene sus pautas. La razón por la que no vemos muchas cosas sobre la vestimenta de los hombres es porque solo se vestían para trabajar, para ir a la guerra o para adorar. Para ellos, las tendencias sociales y de la moda no eran muy importantes; pero basándose en lo que Dios dice sobre el carácter cristiano en la Biblia, es posible encontrar principios útiles sobre nuestras decisiones en cuanto a lo que nos ponemos.

Toma buenas decisiones

A continuación tienes algunas palabras clave que te ayudarán a guiarte con respecto a qué vestir y qué no vestir... y para saber cuándo ciertos tipos de ropa son apropiados o no.

Moderación. Esto significa ni mucho ni poco. La moderación indica que muestras algo de restricción y control al elegir tu vestuario. También podríamos usar la palabra *modestia*, la cual el diccionario define como ausencia de excesos, pretensión o espectáculo. Ser modesto es llevar ropa apropiada para una persona joven —ya sea chico o chica— que ama a Dios y quiere seguirlo. La modestia está envuelta en moderación, lo que quiere decir evitar los extremos. En otras palabras, deberías tener cuidado de no llevar ropa que tenga frases, dibujos o motivos con un mensaje que de alguna manera deshonra a Jesús.

Yo me entreno varias veces a la semana en un gimnasio militar, y un día me sorprendió ver un póster que mostraba lo que los hombres deben y no deben vestir mientras hacen ejercicio. La mayoría de las personas probablemente diría: "¿Y a quién le importa eso? A fin de cuentas, es un gimnasio". Pero tengo que decir que algunos de los hombres estaban al límite de llevar muy poca ropa y al borde de ser algo impropio, inadecuado e inmodesto. Evidentemente, el Ejército también pensaba así. Ese póster era un buen recordatorio para mí de ser más fiel en recordar que dondequiera que yo vaya, tengo que vestir con moderación y ponerme lo que sea apropiado.

Limpieza (y añadamos *arreglado*). Sé que la mayoría de las madres se encarga de lavar y planchar la ropa de todos, pero tú puedes ayudar a doblar tu ropa o a colocarla en tu armario. También puedes ayudar tomándote unos minutos la noche antes para decidir qué te vas a poner. Y si quieres vestir ropa que no esté arrugada, quizá sea bueno que aprendas a usar la plancha.

Apropiado. ¿Cuál es la ocasión? ¿La escuela? Ponte una buena ropa para la escuela. ¿Ir a nadar o a la playa? ¡Diviértete! ¿Es la iglesia? Ponte lo mejor que tengas; ¡vas a adorar a Dios! ¿Es tu grupo de jóvenes? Ponte una ropa bonita (y limpia y planchada) para salir.

Considerado. A lo largo de toda la Biblia, vemos que el pueblo de Dios tenía que vigilar el no ofender a otros con lo que hacían. El apóstol Pablo escribió varias veces sobre pensar primero en los demás, incluso en el tema de la ropa que vistes. Nos dice: "Más vale no comer carne ni beber vino, ni hacer nada que haga caer a tu hermano" (Romanos 14:21). En otro pasaje nos dice que sí, somos libres en Cristo, "sin embargo, [debemos tener] cuidado de que [nuestra] libertad no se convierta en motivo de tropiezo para los débiles" (1 Corintios 8:9). En otras palabras, debemos dejar a un lado nuestra libertad de vestir lo que queramos. Tenemos que pensar primero en los demás y en cómo podría afectarles lo que hacemos.

Ah, y hay algo más que debemos considerar. ¿Va a haber chicas ahí? ¿Chicas a las que quieres impresionar, en el buen sentido de la palabra? ¿O te estás preparando para una cita? Un consejo para los sabios: la ropa hace al hombre, así que ponte lo mejor que tengas. ¡El tipo de chica que estás buscando debería estar interesada en alguien con normas altas!

Obediente. Las normas que Jasón tenía se las habían dado sus padres que lo amaban, pero estaba a punto de prescindir de ellas. Cuando tus padres te dan buenos consejos y los escuchas, ocurren varias cosas buenas. Una es que no terminarás tomando malas decisiones que pudieran tener consecuencias negativas, como vestirte para atraer el que podría ser el tipo de chica equivocado o el tipo de grupo de amigos equivocado. Piensa en esto: todo aquel que base su amistad contigo en lo que llevas o no llevas puesto no es el tipo de amigo o amiga que necesitas.

Es importante que escuches a tus padres y sigas sus pautas. Como ya has aprendido en este libro, Dios quiere que respetes a tus padres, y eso incluye honrar las normas que establecen para ti. Y es bastante simple: si ellos no quieren que vistas cierta camiseta, no lo hagas. Si piensan que deberías ponerte otra cosa, hazlo. También, si estás en un grupo (coro, orquesta, banda, equipo de debate, club de ajedrez, grupo de alabanza o lo que sea), deberías vestir lo que la persona encargada de ese grupo sugiera. Ese no es el lugar ni el momento para ser creativo o comprometer las normas. Lo mismo ocurre con respecto a respetar las normas que establece tu escuela. La Biblia es muy clara cuando dice que debes someterte a los gobiernos y a las autoridades (ver Romanos 13:1-2 y 1 Pedro 2:13-14). Cuando aceptas el código de vestimenta de tu escuela o grupo, representas bien a Dios y a Jesús, y das ejemplo a otros.

Pregunta qué te pones. Esto es fácil. Cuando se trata de elegir la ropa, tómate un tiempo para detenerte, pensar y, si es necesario, preguntar. Piensa primero y después vístete. Pregúntate: ¿Cuál es el propósito del acontecimiento? Si es honrar a alguien (por ejemplo, una ceremonia de entrega de premios, una graduación o un recital), honra a esa persona y la ocasión llevando una ropa bonita. Si es una fiesta, pregúntate: ¿Quién la organiza? Si algunos papás están organizando una fiesta de cumpleaños para su hijo o su hija, honra no solo a la persona que cumple los años, sino también a sus padres interesándote en ponerte algo bonito. Si participas en el evento (como leer algún pasaje de las Escrituras durante un servicio en la iglesia, la escuela dominical o el grupo de jóvenes), sube el nivel de tu ropa para estar a la altura de la ocasión. Si se van a tomar fotos (estoy seguro de que ya entiendes a lo que me refiero con todo esto), vístete lo mejor que puedas, aunque sea ropa informal, para no llamar la atención por parecer que sacaste la ropa de un cesto de ropa sucia.

Mi esposa y yo solemos hablar en público, y yo también predico mucho en la iglesia. Tenemos la política personal de preguntar siempre cómo irá vestida la audiencia a la cual vamos a dirigirnos, qué se va a poner el patrocinador u organizador y qué les gustaría a ellos que nos pusiéramos. Y después vamos un paso más allá y nos vestimos un poquito mejor de lo que nos digan. No recuerdo dónde oí este consejo para los líderes, pero para mí ha sido una pauta muy útil durante años: "Siempre es mejor llegar a cualquier acontecimiento vistiendo un poquito por encima de la norma". Esa es una magnífica regla de vestimenta.

Por desgracia, la sociedad actual no está interesada en la moderación o las normas. Su eslogan es todo lo contrario: Todo es válido. No te limites. ¡Exprésate! ¿A quién le importa? Pero Dios nos llama a alejarnos de esas normas y formas de pensar, y nos guía a sus normas. En Romanos 12:2 nos ruega que vivamos a su manera, como verás en la siguiente sección.

Qué dice la Palabra de Dios

Lee Romanos 12:2 a continuación. Lo he dividido en tres partes. Es un versículo que te indica el camino para vivir tu vida a la manera de Dios y tomar las decisiones que Él desea. Si quieres, puedes anotar tus propios pensamientos o "notas personales" mientras lees estos mandamientos del Señor.

No se amolden al mundo actual. En otras palabras, como un joven con un corazón conforme al de Dios, no dejes que el mundo te meta en su molde impío. No copies las costumbres ni las modas de este mundo.

Más bien, *sean transformados mediante la renovación de su mente.* Deja que Dios vuelva a moldear tu mente desde adentro. Coopera con Él y cambia tu punto de vista y tu forma de pensar para que concuerden con la transformación que Dios está obrando en ti. Como cristiano que eres, le perteneces a Él, y tu vida debería reflejar eso. Debes vivir para Él, a su manera. No dudes en darle la espalda al mundo y a sus modos de actuar. En cambio, adopta los ideales y las actitudes de Cristo.

¿Y el resultado? *Así podrán comprobar cuál es la voluntad de Dios, buena, agradable y perfecta.* En otras palabras, podrás "encontrar y seguir la voluntad de Dios; es decir, lo que es bueno, agradable a Él y perfecto".[1]

Aquí tienes algunas buenas preguntas para hacerte la próxima vez que busques una camiseta, unos pantalones o lo que sea. ¿Qué motivación tengo para ponerme esta ropa? ¿Es para conformarme a la norma del mundo… para encajar? ¿Es para vestir como mis amigos, que ponen la norma para mi escuela o grupo? ¿Es para llamar la atención de alguna manera? ¿Es para decir algo o enviar un mensaje a alguien? Dios desea que su pueblo, sin importar la edad (adolescentes incluidos), tenga las normas más altas, y eso incluye considerar cómo te vistes.

Lo que hay que hacer hoy para tomar buenas decisiones

Ahora lee tú mismo otros principios adicionales que Dios te da para ayudarte a elegir lo que debes o no debes vestir. Estas pautas te ayudarán a tomar las decisiones adecuadas, las decisiones de Dios, sobre lo que debes vestir. Quizá quieras buscar cada versículo en tu Biblia. ¿Qué te dice cada pasaje?

Busca la aprobación de Dios, no la del mundo. *¿Qué busco con esto: ganarme la aprobación humana o la de Dios? ¿Piensan que procuro agradar a los demás? Si yo buscara agradar a otros, no sería siervo de Cristo* (Gálatas 1:10).

No sigas a la multitud. Tienes una norma superior. *Querido hermano, no imites lo malo sino lo bueno* (3 Juan 11).

Desarrolla un carácter interior recto; ¡es tu mejor prenda! *Tú, en cambio, hombre de Dios… esmérate en seguir la justicia, la piedad, la fe, el amor, la constancia y la humildad* (1 Timoteo 6:11).

Ten cuidado con lo que vistes; tu ropa está enviando un mensaje. *En conclusión, ya sea que coman o beban o hagan cualquier otra cosa, háganlo todo para la gloria de Dios* (1 Corintios 10:31).

Toma las decisiones difíciles

Piénsalo: todos los días decides qué ponerte. Cada día te enfrentas a un dilema en el corazón. ¿Colocarás a Dios en el centro de tu vida cuando se trata de algo tan sencillo y práctico como lo que decides vestir? ¿Procurarás agradarle a Él? ¿Lo pensarás dos veces y elegirás ropa que honre a Dios y hable bien de Él? ¿Decidirás, como dice uno de los versículos anteriores, vestir lo que es apropiado para un hombre que profesa adorar a Dios?

Haz que el deseo de tu corazón sea el de vestirte para impresionar a Dios. Vístete para conseguir una mirada de aprobación en sus ojos. Vístete para desviar la atención hacia tu Salvador, tu piedad y tus buenas obras para que tu Padre que está en los cielos sea glorificado (Mateo 5:16). La decisión de lo que te vas a poner no es poca cosa. ¡Es muy importante! Así que asegúrate de estar enviando el mensaje adecuado.

¿Qué te ayudará? En primer lugar, debes saber lo que dice la Biblia. Espero que los versículos de este capítulo te guíen. Luego, ora para que quieras lo que Dios quiere. Habla también con tu líder de jóvenes, un joven más maduro o algún amigo universitario o líder de la iglesia a quien tú admires y respetes. Pregúntale su opinión. Después elige con atención lo que te vas a poner. Puedes expresar algo impactante si te vistes con un estilo fresco, puro e inocente. Sí, puedes ponerte ropa bonita y a la moda y aun así ceñirte a las pautas de Dios. Lo que cuenta es lo que hay en tu corazón. Solo tienes que preocuparte de agradar a Dios, de seguirlos a Él y su Palabra.

Los chicos que ayudan a los chicos

Anota tres evidencias de que Jasón no le daba la importancia debida a su elección de la ropa.

¿Qué le dirías ahora a Jasón acerca de tomar mejores decisiones a la hora de vestirse?

De todos los versículos de este capítulo, ¿cuál significó más para ti y que podrías transmitir a Jasón, y por qué?

¿En qué te pareces a Jasón y qué nuevas decisiones necesitas tomar en cuanto a la ropa que vistes?

¿Quieres saber más?

¡Averígualo!

Más importante que lo que decides ponerte cada día en tu cuerpo es asegurarte de decidir vestirte espiritualmente. ¿Qué te dicen estos versículos que tienes que incluir definitivamente en tu vestimenta diaria, y por qué?

Efesios 4:24—

Efesios 6, versículo 11—

Versículo 13—

Versículo 14—

Versículo 15—

Versículo 16—

Versículo 17—

Colosenses 3, versículo 12—

Versículo 14—

1 Pedro 5:5—

Medita en tus respuestas y tus pensamientos, y después marca varias decisiones de vestimenta de las que tengas que hacer un hábito.

Las pautas de Dios para la toma de buenas decisiones

- *Ponte algo adecuado para la ocasión:* "Así que tengan cuidado de su manera de vivir. No vivan como necios sino como sabios" (Efesios 5:15).
- *Vístete buscando la aprobación de tus padres:* "Hijos, obedezcan en el Señor a sus padres, porque esto es justo. 'Honra a tu padre y a tu madre'" (Efesios 6:1-2).
- *Ponte algo que no centre la atención en ti:* "No hagan nada por egoísmo o vanidad; más bien, con humildad consideren a los demás como superiores a ustedes mismos. Cada uno debe velar no sólo por sus propios intereses sino también por los intereses de los demás" (Filipenses 2:3-4).
- *Vístete para honrar a Cristo:* "Y todo lo que hagan, de palabra o de obra, háganlo en el nombre del Señor Jesús" (Colosenses 3:17).

Decisión #6:

El silencio no es oro

Es muy grato dar la respuesta adecuada,
y más grato aún cuando es oportuna.

—Proverbios 15:23

"Jasón, ¿oíste la pregunta de tu tío Tomás?" —susurró mamá.
"¿Pregunta? ¿Qué pregunta?". Jasón estaba totalmente enfocado en su nuevo juego de computadora, y ¡caramba, no podía creer que ya estaba en el nivel tres! *Este nivel tiene armas bastante poderosas*, pensaba. Pero el tono de enojo en la voz de su madre hizo regresar a Jasón a la realidad. "Lo siento, tío Tomás... ¿qué dijiste?".

Este no había sido un incidente aislado. A Jasón le encantaba retirarse a jugar con su computadora, donde podía ser un superhéroe. Desdichadamente, sus frecuentes ensueños en mundos de fantasía mientras estaba en casa y en la escuela habían comenzado a hacer mella en la capacidad de Jasón para comunicarse. Claro, sabía cómo articular unas cuantas palabras apropiadas cuando era confrontado, como las que tuvo con su tío, con la ayuda de un pequeño codazo de su madre. Pero ¿mantener una conversación larga o dar un informe en clase puesto de pie? Eso era esperar demasiado de él. No había manera.

Pobre Jasón. Si una chica bonita le decía "hola", lo máximo que podía hacer era tragar saliva. Si alguien le preguntaba: "¿Qué tal, compañero?", su respuesta natural era: "Eh, compañero". Siempre que mamá y papá invitaban a comer a alguien, el tiempo en la mesa era una agonía. Como Jasón nunca sabía qué decir, normalmente se sentaba y no apartaba la mirada de sus propias manos, preguntándose: *¿Cuándo se acabará esto?* ¿Y en la iglesia? Bueno, a Jasón le iba bien cuando estaba con sus amigotes, pero se conocía todas las salidas de cada sala y era un maestro a la hora de evitar hablar con los demás.

Bueno, la ayuda está en camino para Jasón y también para ti, si necesitas unas cuantas sugerencias. ¡Sigue leyendo!

¿Qué quiero?

Imagino que esta pregunta habrá estado en tu mente en más de una ocasión. Es probable que la mayoría de tus familiares y algunas personas más te hayan preguntado en alguna ocasión qué quieres hacer en el futuro. Estoy seguro de que hay muchas cosas en las que puedes pensar, y según pasa el tiempo tendrás que ir añadiendo más a tu lista. Mientras piensas cómo responder, aquí tienes algunas preguntas más que te puedes hacer para obtener respuestas a la pregunta anterior.

- ¿Qué es lo que realmente quiero para mi vida?
- ¿Qué quiero que otros sepan de mí, de mis pensamientos, sueños, deseos, conocimientos y experiencias?
- ¿Qué tengo que hacer para que me vaya bien en la escuela?

- ¿Qué debo hacer para que mis padres me compren ese nuevo juego de computadora? No, ¡mejor un automóvil!
- ¿Qué debo hacer para conseguir captar la atención de cierta chica en mi grupo de jóvenes?
- ¿Cómo convencería a un posible jefe de que debería contratarme a mí?

Y con suerte, una de las preguntas más importantes:

- ¿Qué quiero que las personas sepan acerca de Jesús?

La verdad es que quizá algunos de tus deseos tengan un propósito egoísta, pero quizá otros sean nobles y dignos. La clave para dar mejores respuestas a tu lista de "¿Qué quiero?" es tener al menos cierta habilidad para comunicarte, la habilidad de persuadir, la habilidad de compartir ideas e información de forma precisa. A menos que seas capaz de hablar con otros y a otros de forma eficaz, puede que nunca veas cumplidos tus sueños y deseos. Necesitarás pedir casi cualquier cosa en la vida que pudieras desear. Por tanto, ¿qué tal andas de persuasión? Persuadir a otros es la capacidad de conseguir que otros estén de acuerdo contigo, crean en algo que tú has dicho o acepten algo que tú has oído, leído o pensado. Para obtener más respuestas positivas, necesitas desarrollar la habilidad de hablar y dar un buen razonamiento que respalde lo que dices.

Ahora bien, aquí es donde las decisiones que tomas pueden afectar a tu vida. Como hemos dicho, cada decisión es importante. Cada decisión establece una dirección, da impulso y tiene consecuencias, ya sean buenas o malas. La decisión de hacer el esfuerzo de comunicarte es una decisión propia que solamente tú puedes tomar, así que comienza hoy tomando la decisión no solo de comunicarte, sino también de hacerlo mejor: con tus padres, amigos, maestros y los adultos en general.

Qué dice la Palabra de Dios

¿Alguna vez has pensado por qué Dios nos dio el lenguaje? La respuesta es obvia, ¿verdad?: para poder hablar entre nosotros. Tú eres especial y único, y tienes algo diferente que ofrecer a los demás, y los demás son únicos también y tienen cosas que ofrecerte. Si eres lo suficientemente persuasivo, lo que dices puede y debería tener un efecto positivo sobre los demás. Y también ocurre lo contrario: es posible que tú te beneficies de lo que otros te comunican.

Eso es exactamente lo que Dios quería para Moisés cuando Él le habló desde la zarza ardiente. Dios le dijo que llevara un mensaje importante a los hijos de Israel y a un rey opresivo. Pero Moisés intentó no hacerlo dándole a Dios una serie de excusas. Básicamente, ¡Moisés tenía miedo de hablar! Puedes leer toda la historia en Éxodo 3:10—4:11, pero, en resumen, esta fue más o menos la conversación que mantuvieron:

Dios habla: "Te voy a enviar al rey de Egipto [Faraón] con un mensaje para que deje ir a mi pueblo".

Excusa #1 de Moisés: "¿Quién soy yo? ¡No soy nadie!"

Dios no aceptó la excusa de Moisés, así que…

Excusa #2 de Moisés: "No sé quién me envía".

Dios habla: "YO SOY EL QUE SOY" (Éxodo 3:14).

Excusa #3 de Moisés: "¿Y si el pueblo no me cree?".

Promesa de Dios: Él le daría a Moisés una señal para que la usara cuando el pueblo o el Faraón preguntara qué pide Dios de ellos a través de Moisés: la vara de Moisés se convertiría en una serpiente.

Excusa #4 de Moisés: "Por favor, Señor, nunca he sido un buen orador. ¡Envía a otro!".

Palabra final de Dios: "¿Y quién le puso la boca al hombre? —le respondió el SEÑOR—. ¿Acaso no soy yo, el Señor, quien lo hace sordo o mudo, quien le da la vista o se la quita? Anda, ponte en marcha, que yo te ayudaré a hablar y te diré lo que debas decir" (Éxodo 4:11-12).

Observa el primer principio de la comunicación: *Hablar es un don de Dios.*

El punto es que Dios nos ha dado nuestra boca y, como ocurrió con Moisés, Él espera que usemos nuestra boca para servirle. Ahora bien, sus tareas de comunicación para ti probablemente no serán tan drásticas como las de Moisés, pero aun así Dios quiere que abras tu boca y seas su portavoz; y estoy seguro de que conoces el resultado de la obediencia de Moisés: él se convirtió en uno de los líderes más dinámicos de todos los tiempos. Y todo comenzó cuando finalmente estuvo dispuesto a abrir su boca y hablar de parte de Dios.

Aprender a comunicarte

¿No te anima saber que el gran Moisés tenía un problema con la autoconfianza? Antes de que oyera a Dios en la zarza ardiente, había pasado cuarenta años en el desierto, donde no tuvo que hablar mucho. Así que Moisés estaba totalmente desentrenado. Es más, no quería hablar con las personas; tan solo quería estar a solas (¿te resulta esto familiar?). Pero Dios tenía otros planes para Moisés, y ¿a que no sabes qué? Él también tiene otros planes para ti. Dios hizo tu boca y quiere que hables con otros. Él quiere que te comuniques de la mejor manera para que te vaya bien en la escuela, aunque signifique que tengas que dar informes orales. De este pasaje aprendemos el...

Segundo principio de la comunicación: *Hablar es una habilidad natural.*

Pero hay más. A Moisés aún le faltaba confianza, así que Dios le ayudó un poco a empezar:

> *Entonces el SEÑOR ardió en ira contra Moisés y le dijo:*
> *—¿Y qué hay de tu hermano Aarón, el levita? Yo sé que él es muy elocuente. Además, ya ha salido a tu encuentro, y cuando te vea se le alegrará el corazón. Tú hablarás con él y le pondrás las palabras en la boca; yo los ayudaré a hablar, a ti y a él, y les enseñaré lo que tienen que hacer* (Éxodo 4:14-15).

Durante un tiempo, Moisés y su hermano Aarón hablaron al pueblo y al faraón, pero después sucedió algo. Éxodo 6:9 dice: "Moisés les dio a conocer esto a los israelitas, pero por su desánimo y las penurias de su esclavitud ellos no le hicieron caso".

A partir de ese momento, Moisés fue quien habló con los israelitas y el faraón. Con el paso del tiempo, Moisés se dio cuenta de que él también podía comunicarse. Comenzó a entender que no necesitaba la ayuda de su hermano. Esto nos lleva al...

Tercer principio de la comunicación: *Aprendemos a hablar hablando.*

Entonces, ¿estás listo para ser un mejor comunicador? Estos son algunos consejos prácticos. Observa que cualquiera puede aplicar estas ayudas. Por lo tanto, no tengas miedo. Dios no te pide que te unas al equipo de los debates, sino tan solo que sigas las pisadas de

Moisés y entiendas que hablar es natural y que la manera de aprender a hablar es hablando.

Consejos para aprender a comunicarte

Sé que probablemente intimida tan siquiera pensar en hablar y dar una presentación ante muchas personas. Al menos eso es lo que a mí me pasaba; pero debido a mi trabajo, tuve que aprender algunas habilidades básicas de comunicación. Por eso me uní a una organización que enseña a personas como tú y como yo a comunicarse. Estas son algunas de las cosas que aprendí, ideas que me siguen ayudando en la actualidad.

1. Aprender a escuchar

Vuelve a pensar en nuestro amigo Jasón. No le había prestado atención a su tío, el cual le había hecho una pregunta. Y lo extraño de sus acciones era que Jasón admiraba a su tío Tomás: soldado en una unidad de fuerzas especiales. Tomás había viajado por todo el mundo en misiones secretas y había participado en algunas cosas bastante atractivas. Si Jasón hubiera dejado de centrarse en sí mismo y hubiera hecho el esfuerzo de sentirse más cómodo con las personas, podría haber escuchado a su tío y aprendido mucho sobre la vida y cómo tener éxito. Nunca tuvo ninguna duda de que su tío Tomás era fenomenal. Parecía ser muy interesante, y no solo era fuerte físicamente, sino también fuerte de carácter. Escuchar a alguien es una señal de respeto, ya sean tus padres, maestros, líderes de jóvenes, pastores… o tu tío.

2. Aprender a hacer preguntas

Jasón tenía una oportunidad perfecta para descubrir lo que necesitaría hacer si quería seguir las pisadas de su tío. ¡Eso sí que eran aventuras! Su tío Tomás era todo lo que Jasón soñaba ser él mismo. ¡El tío Tomás vivía la vida! Jasón ya sabía que su tío iba a visitarlos, así que tuvo la gran oportunidad de antemano de pensar algunas preguntas que le podría hacer, preguntas como: ¿Qué tipo de educación lo preparó para entrar en el Ejército? ¿Qué entrenamiento tuvo que realizar para poder entrar en ese grupo de soldados de élite?

Si Jasón hubiera apartado la atención de sí mismo y de su incomodidad por estar con otros y se hubiera enfocado en Tomás, y si Jasón hubiera decidido tan solo escuchar, observar y aprender, habría sabido qué preguntas hacer. Tomás habría estado más que deseoso de hablar. De hecho, incluso estaba intentado comenzar la conversación con Jasón. El tío Tomás realmente disfrutaba de su trabajo y estaba orgulloso de lo que hacía. Esto nos lleva a un punto importante respecto de la comunicación: no se trata solo de hablar con otros, sino también de dejar que los demás hablen. Pero, vaya, Jasón eligió recluirse en su juego de computadora —su zona cómoda— y perderse una oportunidad perfecta para conocer mejor a su tío y quizá tener una experiencia que podría cambiar su vida.

3. *Aprender a hablar*

Como ocurre con cualquier otra disciplina, hablar es una conducta aprendida. Nadie es bueno en los deportes o en ninguna otra cosa sin entrenar o practicar. Lo mismo ocurre al hablar. Se aprende haciéndolo. Como le ocurrió a Moisés, cuanto más hables, mejor y más cómodo te sentirás comunicándote.

Aquí tienes una idea. ¿Qué te parecería tomar una clase de oratoria en tu escuela? Probablemente no querrás hacerlo, pero como hemos visto, aprenderás haciéndolo; ¿y qué mejor forma de aprender que tener a alguien que te enseñe y te entrene en cómo hacer presentaciones?

4. *Aprender a pensar antes de hablar*

Aprender a comunicarse es vital. Es una de las decisiones más importantes que podrás tomar. Pero aprender a hablar más conlleva la responsabilidad de hablar de una forma seria y educada. Aquí tienes algunas pautas bíblicas y advertencias sobre cómo hablar y qué decir. Puedes tomar notas ahora o después.

> *El que refrena su lengua protege su vida, pero el ligero de labios provoca su ruina* (Proverbios 13:3).

> *Las palabras del sabio son placenteras, pero los labios del necio son su ruina; sus primeras palabras son necedades, y las últimas son terribles sandeces* (Eclesiastés 10:12-13).

> *Tampoco debe haber palabras indecentes, conversaciones necias ni chistes groseros, todo lo cual está fuera de lugar; haya más bien acción de gracias* (Efesios 5:4).

> *Al necio no le complace el discernimiento; tan sólo hace alarde de su propia opinión* (Proverbios 18:2).

> *Es necio y vergonzoso responder antes de escuchar* (versículo 13).

5. *Aprender la importancia de la comunicación bidireccional*

Como dije antes, tu objetivo es conseguir que la otra persona hable. Ni tú ni nadie quieren escucharte todo el rato. La comunicación conlleva tanto dar como recibir información. Observa cómo, a los doce años, Jesús se comunicaba en Lucas 2:46. Observa también con quién se estaba comunicando:

> *Al cabo de tres días [sus padres] lo encontraron en el templo, sentado entre los maestros, escuchándolos y haciéndoles preguntas.*

6. Aprender el arte de la comunicación no verbal

Con esto me refiero a prestar atención a lo que tus acciones les comunican a las personas que te rodean. Por ejemplo:

- Cuando no respondes a preguntas que te hacen, incluso tu silencio es comunicación.
- Cuando te das la vuelta o finges estar ocupado, estás comunicando algo.
- Cuando decides no mirar a una persona que te está haciendo una pregunta, comunicas algo.
- Cuando te hacen una pregunta y respondes con un sonido, o levantando los hombros o con un simple "Sí" o "No", estás comunicando algo.

Recuerda: comunicarse es más que hablar. Tus acciones no verbales dicen mucho a los demás.

7. Aprender la importancia de decir la verdad

Incluso la persona más callada debe abrir su boca cuando le hacen una pregunta directa como: "¿Hiciste esto o no?". Ahora llega el momento de abrir tu boca y decir algo. Pero imagínate que decir la verdad hará que te metas en problemas: ¿qué haces?

Para evitar meterte en problemas, quizá te encuentres queriendo decir una mentira o decir la verdad a medias, que es lo mismo que decir una mentira. O quizá te sientas tentado a mentir y luego culpar a otro de tu mentira diciendo: "¡El diablo me hizo hacerlo!". Pero tú sabes que eso no es lo que Jesús quiere. Como cristiano, voluntariamente y con la ayuda del Espíritu Santo, puedes decidir seguir el mandato de Efesios 4:25:

> *Por lo tanto, dejando la mentira, hable cada uno a su prójimo con la verdad, porque todos somos miembros de un mismo cuerpo.*

Dios nos ha dado a ti y a mí un cuadro muy claro de verdad en su Hijo y su Palabra. Cuando menosprecias la verdad y tomas una decisión influenciado por la presión y el temor a lo que otros pudieran decir o hacer, pones en tela de juicio todo lo que dices creer.

¿Quieres saber cómo puedes honrar a Dios y glorificar a su Hijo? Permite que la verdad que habita en ti controle tus palabras y tus acciones. Decide hablar con la verdad a pesar de las consecuencias.

Toma las decisiones difíciles

Para la mayoría de los chicos, la comunicación no es fácil. Por lo general, preferirás mantener tu boca cerrada y estar a salvo, en vez de quedar mal o arriesgarte a que otros piensen que eres un necio. Pero tienes que tomar la decisión de salir de tu zona de comodidad. Decidir guardar silencio es un acto egoísta. Cuando haces eso, estás diciendo: “No estoy interesado en ti o en lo que tengas que decir, y no quiero que sepas nada de mí”.

Tomar la decisión de comunicarte no es fácil; pero si haces el esfuerzo de hablar, harás amigos más fácilmente, aprenderás cosas emocionantes sobre otras personas y tendrás oportunidades de compartir con otros algo de lo que Dios te ha dado. Y un par de beneficios añadidos son que es muy probable que seas más feliz y bendigas a otros. “Es muy grato dar la respuesta adecuada, y más grato aún cuando es oportuna” (Proverbios 15:23).

Los chicos que ayudan a los chicos

Anota varias malas decisiones que tomó Jasón durante su tiempo con su tío.

¿Qué le dirías a Jasón que cambiara cuando esté con otras personas?

De todos los versículos de este capítulo, ¿cuál significó más para ti, y por qué?

¿En qué te pareces a Jasón? ¿Qué nuevas decisiones comenzarás a tomar sobre el modo en que te comunicas?

¿Quieres saber más?

¡Averígualo!

¿Qué te enseñan estos versículos sobre tu comunicación?

Proverbios 4:24—

Proverbios 6:12—

Proverbios 6:16-19 (enumera lo que dicen estos versículos sobre el hablar)—

Efesios 4:15—

Efesios 4:29—

Colosenses 3:8-9 (enumera lo que no debería ser parte de tu conversación)—

1 Pedro 2:21-22—

Las pautas de Dios para la toma de buenas decisiones

- *No interrumpas a los demás; espera pacientemente hasta que terminen.* "[Hay] un tiempo para callar, y un tiempo para hablar" (Eclesiastés 3:7).
- *No menosprecies o subestimes a otra persona.* "Más bien, al vivir la verdad con amor, creceremos hasta ser en todo como aquel que es la cabeza, es decir, Cristo" (Efesios 4:15).
- *No seas crítico con los demás.* "Eviten toda conversación obscena. Por el contrario, que sus palabras contribuyan a la necesaria edificación y sean de bendición para quienes escuchan" (Efesios 4:29).
- *Ten una buena actitud al hablar.* "Al sabio de corazón se le llama inteligente; los labios convincentes promueven el saber" (Proverbios 16:21).
- *Prepárate para hablar de Jesús.* "Que su conversación sea siempre amena y de buen gusto. Así sabrán cómo responder a cada uno" (Colosenses 4:6).
- *No hables si estás enojado.* "Todos deben estar listos para escuchar, y ser lentos para hablar y para enojarse" (Santiago 1:19).
- *Recuerda que es tan importante lo que dices como el modo en que lo dices.* "La respuesta amable calma el enojo, pero la agresiva echa leña al fuego" (Proverbios 15:1).

Decisión #7:

El camino hacia el éxito

Jesús siguió creciendo en sabiduría y estatura, y cada vez más gozaba del favor de Dios y de toda la gente.

—Lucas 2:52

Cuando el autobús giró por la esquina y entró al campus de la escuela, el día para Jasón —desde su punto de vista— estaba por llegar a lo más bajo. No podía ser peor. Había llegado la hora de la parte del día más temida: la escuela.

¡*Uf! La escuela es insoportable.* Sé que tengo que ir, pero... ¿por qué? —se preguntaba Jasón—. *No quiero ir a la universidad, así que ¿cuál es el problema? Entonces, ¿qué tal si holgazaneo en clase y hago solo lo aceptable? Nada de esto será importante cuando termine la escuela.*

Jasón se atrevió a soñar. *Si puedo pasar aprobando por los pelos para graduarme de la escuela, entonces todo estará bien. Puedo conseguir un trabajo bien pagado, mi propio apartamento, comprar un buen equipo para videojuegos y pasar mi tiempo libre con amigos. ¿Quién necesita la escuela?*

Se abrió la puerta del autobús, y todos se pusieron en fila para salir. Finalmente, Jasón era el único que faltaba. Como había pasado otros días, la conductora del autobús, Sra. Hernández, dijo: "Jasón, sabes que no te puedes quedar aquí. ¡Vamos! Sal y toma tu medicina".

Y así era exactamente cómo se sentía Jasón: como si la escuela fuera una medicina amarga. *De algún modo* —razonaba para sí— *tengo que soportar este asunto de la escuela.* Después, tras una breve pausa, pensó: *Bueno, veamos el lado positivo. Salgo con un grupo de amigos que se sienten igual que yo.*

Mientras Jasón se dirigía hacia su primera clase, se sintió un tanto aliviado cuando miró a su alrededor, y suspiró: "¡Desgracia compartida, menos sentida!".

Una dosis de realidad

La actitud de Jasón hacia la escuela me recuerda a los jóvenes de mi ciudad natal que también luchaban y se preguntaban si el colegio era algo tan importante. En nuestra ciudad, había una planta industrial muy grande que contrataba a muchos de los habitantes locales. Cada año, un gran número de graduados del colegio comenzaba a trabajar en la planta o para alguna empresa que estaba de algún modo relacionada con ella. La mayoría de mis amigos durante los años de escuela contaban con conseguir uno de esos trabajos para quedarse en la zona. Y aunque los empleos estaban bien remunerados, no requerían más que una educación básica.

Yo también me dirigía en esa dirección, esperando a que pasara el tiempo y sin mostrar mucho interés por la escuela. Pero eso empezó a cambiar cuando un farmacéutico de la zona se interesó por mí y me contrató para trabajar en su farmacia. Después de un tiempo de trabajar allí, quité mi mirada de la planta y comencé a centrarme en mis estudios para poder llegar a ser farmacéutico.

La parte triste de esta historia es que la planta cerró el año después de graduarme de la escuela. Muchos de mis compañeros de clase, así como la mitad de la población de la ciudad, se quedaron sin trabajo de la noche a la mañana. Y como la mayoría de los jóvenes no habían hecho planes ni se habían esforzado por ir bien en la escuela, sus perspectivas para el futuro se estrellaron contra las rocas de la realidad.

Qué dice la Palabra de Dios

Dios nos creó con mentes... mentes más complejas y poderosas que cualquier computadora. Y aún más, Él espera que entrenes y desarrolles tu mente. Lee los siguientes versículos y piensa en cómo podrían aplicarse a ti y a tu aprendizaje. Si quieres, también puedes anotar tus pensamientos.

> *Escuchen, hijos, la corrección de un padre; dispónganse a adquirir inteligencia. Yo les brindo buenas enseñanzas, así que no abandonen mi instrucción* (Proverbios 4:1-2).

> *Adquiere sabiduría, adquiere inteligencia... La sabiduría es lo primero. ¡Adquiere sabiduría!* (Proverbios 4:5, 7).

> *Hagan lo que hagan, trabajen de buena gana, como para el Señor y no como para nadie en este mundo* (Colosenses 3:23).

Quizá no hayas pensado mucho en ello, pero Jesús tuvo que ir a la escuela y recibir una educación y crecer en conocimiento (Lucas 2:42, 46-47). Por ejemplo, leemos que "Jesús siguió creciendo en sabiduría y estatura, y cada vez más gozaba del favor de Dios y de toda la gente" (Lucas 2:52).

La importancia del hoy

Pero antes de que me abandones porque no te gusta la escuela, quiero que veas que no te estoy animando a pasar los próximos diez años de tu vida con la cabeza entre los libros. Por el contrario, sencillamente quiero destacar la importancia de aprender lo que puedas todos los días. Los hábitos y las disciplinas que desarrolles cada día durante los próximos años sentarán la base para el resto de tu vida. Hoy y cada día puedes decidir esforzarte para aprender y crecer en tu conocimiento de las cosas de Dios y en el saber y en las habilidades esenciales que te capacitarán para una vida productiva y plena.

No sabes lo que te deparará el futuro. Es difícil saber ahora con exactitud lo que necesitarás con respecto a la educación y la formación. Así que asegúrate de sacarle partido a cualquier oportunidad que tengas de aprender y crecer. Y hazlo poco a poco. Piensa en la importancia de las decisiones que tomas hoy:

- Las *buenas decisiones* de hoy te darán la libertad de elegir excelentes oportunidades para mañana.
- Los *buenos hábitos* de hoy te darán una mayor disciplina para aceptar mayores retos mañana.
- Las *buenas actitudes* de hoy te prepararán para correr mejor la carrera y ganar un premio mejor mañana (1 Corintios 9:24).

Estudia toda la vida

Mi esposa me habló una vez de las palabras que había en la tumba de un conocido científico. "Murió mientras aprendía". Ese mensaje me causó una gran impresión. Desde entonces, he intentado seguir el ejemplo de ese hombre y espero que esto también se convierta en tu lema. Desdichadamente, hay personas (como nuestro amigo Jasón) cuyo lema en la vida es: "Prefiero morir antes que aprender". No les gusta la escuela y están deseando graduarse para empezar a "vivir de verdad". Al igual que Jasón, hacen solo lo necesario, esforzandose lo mínimo para poder seguir adelante. Es triste, pero el día de mañana despertarán y descubrirán que tienen muy pocas opciones para trabajar o estudiar porque no desarrollaron las habilidades ni adquirieron las disciplinas necesarias para los retos del futuro.

Quizá estés pensando: *Sí, ya lo sé, pero no soy muy buen estudiante. Lo intento, pero nunca me va bien.* Bueno amigo, hay esperanza. Tienes que saber que hay dos tipos de aprendizaje: formal e informal. El aprendizaje formal tiene lugar con la ayuda de libros de texto y, en la mayoría de los casos, entre las cuatro paredes de un aula. No tienes muchas opciones con este tipo de aprendizaje. Se aprende lo que dicta el sistema escolar (o, si te educan en tu casa, lo que tus padres exigen). Pero aunque te cueste, es necesario que te esfuerces al máximo porque el aprendizaje formal es lo que te da el fundamento y la disciplina para todo el aprendizaje que quieras obtener fuera de la clase.

¡Ese es el aprendizaje informal! Este tipo de aprendizaje tiene que ver con tus deseos y sueños personales. El aprendizaje informal te aporta ilimitadas decisiones que puedes tomar cada día. Es una actividad continua que durará toda tu vida.

¿Recuerdas lo que conté antes sobre cómo se interesó un farmacéutico por mí? Mientras trabajaba en su farmacia, informalmente aprendí cosas sobre medicina, medicamentos, química y ventas al por menor. El farmacéutico era un maestro dispuesto, y yo era un estudiante dispuesto. Ese aprendizaje informal moldeó mi futuro durante muchos años, pero fue mi aprendizaje formal lo que hizo posible que yo siguiera el aprendizaje informal.

No tienes por qué aterrorizarte cuando alguien te diga que la educación es importante. Hay muchas formas de aprender, como verás a continuación:

- *El aprendizaje es una actitud* que involucra el corazón y la cabeza.
- *El aprendizaje es progresivo* y se desarrolla a partir de sí mismo.
- *El aprendizaje no depende de tu coeficiente intelectual*, sino de tu deseo.
- *El aprendizaje no tiene barreras ni límites*, excepto los que tú mismo te pones.
- *El aprendizaje no requiere estatus social ni dinero.* Es gratuito para cualquiera que desee aumentar su conocimiento.
- *El aprendizaje tiene sus propias recompensas.* Los premios son ilimitados.
- *El aprendizaje tiene una prioridad suprema.* Quieres conocer más acerca de Jesucristo y cómo vivir a su manera (2 Pedro 3:18).

Cómo disfrutar de una vida de aprendizaje

Te preguntas: *Sí, pero ¿cómo?* Aquí tienes algunas sencillas sugerencias para hacer que el aprendizaje de por vida sea algo divertido y emocionante:

Sé un ávido lector. La lectura es la ventana al aprendizaje. No todos son como el tío Tomás. Pocas personas llegan a vivir aventuras por todo el mundo, pero leer puede mostrarte el mundo entero y el conocimiento y las experiencias de otros. Digamos, por ejemplo, que lees uno de mis libros, como este. La información que lees en unas horas o días a mí me llevó años aprenderla, aplicarla y escribirla en un libro. Ahora, en poco tiempo, tú sabes casi todo lo que yo sé, después de una vida de estudio y práctica del tema de "la toma de decisiones". ¿Qué te parece la idea de aprender de los demás?

Una advertencia: elige bien tu lectura. Los cómics son fáciles de leer y muy divertidos, pero son tan solo historias que pueden o no serte útiles y edificantes. Elige libros que te edifiquen, libros que te animen, que te alienten e inspiren. Libros que te enseñen y te preparen. Eso no significa que no puedas leer un cómic de vez en cuando, pero tienes una cantidad de tiempo limitada, ¡así que elige bien tu lectura! A fin de cuentas, cuando se trata de solicitar un trabajo, no importa cuántos cómics tienes en tu colección o si sabes exactamente cuántos cómics del Hombre Araña se han publicado. La persona que te vaya a contratar no estará interesada en tu conocimiento acerca de los cómics.

Y no lo olvides: el primer libro que debes leer una y otra vez es la Biblia. Léelo poco a poco, de principio a fin, una y otra vez, durante toda tu vida.

Conviértete en un muchacho que hace preguntas. Todos tienen algo que enseñarte. Todos son expertos en algo. Descubre en qué, y aprende de esas personas. Mira a cada persona como si fuera un maestro, ¡comenzando por tus padres! ¿Hay alguien que esté haciendo algo sobre lo que a ti te gustaría aprender? Por ejemplo, ¿te gusta jugar a juegos en la computadora? Bien, pues encuentra a alguien que sepa programar y desarrollar programas de juegos. Contáctalo, júntate con él, y hazle preguntas. Intenta estar a su lado durante un tiempo para conocer lo que hace. ¿Cómo aprendió y qué debes hacer tú para adquirir habilidades parecidas? Preguntar ayuda a prepararte para tu propio futuro.

Observa los actos de las personas. Mira a tu alrededor. ¿Quién en tu escuela o en tu iglesia se comporta de manera responsable? ¿Y quién actúa de manera irresponsable, siempre metido en líos y llamando la atención por los motivos equivocados? ¿Quién te parece que lleva una vida ordenada y de quién crees que su vida es un desastre? ¿Quién parece vivir una vida piadosa, y quién dice y hace cosas que van contra lo que tú sabes y crees? ¿Quién parece que avanza en la dirección que tú quieres ir? Observa tanto lo bueno como lo malo, y toma nota de ambas cosas. Después, imita las buenas acciones de los demás y evita las malas.

Aprende de las experiencias de otros. Obviamente, los adultos tienen más experiencia de la vida que un joven. Por eso, mira de nuevo a tu alrededor a esas personas que tienen una experiencia que te puede aportar algo para tu propia vida y futuro y las cosas que quieres hacer.

Digamos que estás interesado en la obra misionera. La próxima vez que un misionero visite tu iglesia, busca la oportunidad de poder preguntarle sobre sus experiencias en el campo misionero. O quizá estás interesado en la profesión médica. Habla con un médico, enfermera o farmacéutico sobre sus experiencias. ¿O qué niño no ha soñado con ser policía? Tal vez haya uno o dos en tu propia iglesia con quienes hablar y aprender.

Y otra vez volvemos a la lectura. A medida que leas, puedes aprender de las biografías de grandes hombres y mujeres de la Historia. ¿Cuáles fueron sus experiencias? ¿Eran magnates empresariales? ¿Un héroe de guerra? ¿Un predicador dinámico? ¿Inventor? ¿Astronauta? Al leer acerca de esas personas, presta atención a sus experiencias como líder, esposo, padre y amigo. Leer es una forma rápida y enriquecedora de aprender de los éxitos de las personas... y de aprender cómo evitar los errores que ellos cometieron.

Y, vuelvo a repetir: no te olvides de tu Biblia. La Biblia es el mejor de todos los libros para aprender de la experiencia de otros. ¡Y lo escribió Dios mismo!

Toma las decisiones difíciles

Mi oración es que nunca dejes de aprender. Aprender desarrollará tu recurso más importante: ¡tu vida! Una vida que Dios desea usar para su gloria. Ya has visto este versículo antes en este libro, y también se aplica aquí en tu aprendizaje: "Ya sea que coman o beban o hagan cualquier otra cosa, háganlo todo para la gloria de Dios" (1 Corintios 10:31). Y para asegurarte de estar siempre aprendiendo, hazte las siguientes preguntas cada día:

- ¿Qué cosa nueva puedo aprender *hoy*?
- ¿De quién puedo aprender *hoy*?
- ¿Cómo puedo ser retado en algún aspecto de mi vida *hoy*?
- ¿Cómo puedo volverme más semejante a Cristo *hoy*?

Los chicos que ayudan a los chicos

Anota tres malos razonamientos que Jasón tenía acerca del aprendizaje y de su futuro.

¿Qué le dirías a Jasón sobre la importancia del aprendizaje como preparación para el futuro?

De todos los versículos de este capítulo, ¿cuál significó más para ti y que podrías transmitir a Jasón?

¿En qué te pareces a Jasón y qué nuevas decisiones necesitas tomar?

¿Quieres aprender más?

¡Averígualo!

Aquí hay tres personas que Dios usó para hacer grandes cosas. Observa lo que sus vidas tenían en común.

Daniel era un adolescente cuando lo llevaron a Babilonia en cautiverio. A pesar de su difícil situación, se convirtió en un hombre a quien Dios usó en gran manera. ¿Cómo fue su preparación para el futuro (Daniel 1:4)?

¿Cuánto se prepararon él y sus tres amigos (Daniel 1:19-20)?

¿Cuánta responsabilidad se le dio a Daniel gracias a sus habilidades (Daniel 2:48)?

¿Cómo influyó Daniel en el rey (Daniel 2:49)?

Jesús fue único porque era Dios en un cuerpo humano, pero aun así se desarrolló en áreas clave como los demás seres humanos. Enumera cuatro áreas clave y haz un círculo destacando cómo se describe en Lucas 2:52 el aprendizaje.

—

—

—

—

¿Qué ideas sobre tu propio desarrollo puedes aprender de este versículo? ¿Y dónde tienes que poner más esfuerzo?

Pablo fue un gran hombre que escribió trece libros del Nuevo Testamento. ¿Qué aprendes de su preparación para el futuro, según Hechos 22:3?

¿De qué otra manera se preparó Pablo para una vida de servicio, según Gálatas 1:11-12? (Una nota: nuestra "revelación" de hoy surge al leer y estudiar la revelación escrita de Dios: la Biblia).

Date cuenta de que a medida que permites que Dios trabaje a través de tu vida, puedes contribuir grandemente para el bien de los demás. Pero la utilidad no surge de forma automática. ¿Cómo deberías ver tu preparación para el futuro desconocido?

Recomendaciones para ser mejor estudiante

- *Haz tu tarea todos los días.* Hazlo mientras tengas energía. Te sentirás bien cuando termines y te quitarás una gran carga de encima.
- *Recompénsate por hacer tu tarea.* Después de terminar tu tarea escolar, puedes jugar a los videojuegos, ver la televisión, leer un buen libro, llamar a un amigo o simplemente ¡relajarte! (Siempre y cuando tus papás lo aprueben).
- *Haz tus proyectos con anticipación, no la noche antes.* No esperes hasta el último minuto. Trabajar con anticipación te permite tener tiempo para divertirte y te da la seguridad de no perjudicar tu tarea escolar ni tus calificaciones.
- *Lleva tu tarea escolar a todas partes.* Te sorprenderás de cuántos minutos libres hay en el día (aun estando en la escuela) que podrías usar para terminar tu tarea escolar o al menos adelantarla. ¡Es increíble terminar tus tareas antes de salir de la escuela cada día!
- *Pide ayuda.* A los maestros no les importa que sus alumnos les pidan información. De hecho, les encanta que los estudiantes muestren su deseo de aprender y mejorar en clase. Si no estás seguro de una tarea o de cuándo será el próximo examen, pregúntale al maestro o a otro alumno. (Y no te olvides de anotarlo para no volver a preguntarlo).
- *Toma notas en clase.* Tomar notas te mantendrá alerta y enfocado por muy aburrido que sea el tema. Recuerda: incluso las partes aburridas de

las clases de tu maestro probablemente estén en tu próximo examen. Tomar notas es un atajo hacia el conocimiento y un hábito excelente.

- *No esperes hasta el último minuto para estudiar para un examen.* Extiende tu tiempo de estudio durante los días previos al examen. Darte un atracón la noche antes puede salvarte en una emergencia, pero estudiar un poco cada día durante varios días te ayudará a conocer mejor el material y te resultará más fácil recordarlo en el futuro.
- *No llegues tarde a la escuela o a tus clases.* Llegar a tiempo es la clave del éxito. Desarrolla el hábito de llegar a tiempo o incluso antes. Este simple ejercicio de disciplina te hará llegar muy lejos en este mundo.
- *Evita hacer trampas.* Va en contra de la Palabra de Dios y su plan para ti como cristiano. Hacer trampas es una definición absurda de éxito. Tú eres mejor que eso. Ninguna calificación merece deshonrar a Dios.
- *No te olvides de orar.* Te sorprenderá la diferencia que establece la oración cuando la practicas todas las mañanas. Ora para ser un mejor estudiante, para prestar más atención en la escuela y para ser más diligente en tus tareas escolares.

Algo sobre el aprendizaje de Sócrates

Un día, un joven fue a ver al gran filósofo y maestro Sócrates y le dijo:

—Sócrates, he viajado 2400 km para obtener sabiduría y conocimiento. Quiero aprender, así que vine a verlo.

—Ven, sígueme —le dijo Sócrates, y lo llevó hasta la orilla del mar. Caminaron por el agua hasta que le llegó a la cintura. Entonces, Sócrates tomó a su compañero y le metió la cabeza bajo el agua. A pesar de la lucha del joven, Sócrates lo mantuvo debajo del agua.

Al final, cuando el muchacho ya casi no se resistía, lo sacó hasta la orilla y luego volvió a la ciudad. Cuando el visitante recuperó la fuerza, fue a ver a Sócrates para descubrir por qué el maestro había hecho algo tan terrible.

—Cuando estabas debajo del agua, ¿qué era lo que más querías? —le preguntó Sócrates.

—Quería aire.

—Cuando desees el conocimiento y la comprensión tanto como querías el aire, no tendrás que pedirle a nadie que te lo dé —le dijo entonces Sócrates.[1]

Las pautas de Dios para la toma de buenas decisiones

- *Pon a Dios como tu máxima prioridad.* "Busquen primeramente el reino de Dios y su justicia, y todas estas cosas les serán añadidas" (Mateo 6:33).
- *Recuerda por qué haces lo mejor.* "Hagan lo que hagan, trabajen de buena gana, como para el Señor y no como para nadie en este mundo, conscientes de que el Señor los recompensará con la herencia. Ustedes sirven a Cristo el Señor" (Colosenses 3:23-24).
- *Concéntrate en lo que tienes por delante.* "La meta del prudente es la sabiduría; el necio divaga contemplando vanos horizontes" (Proverbios 17:24).
- *Avanza siempre.* "Hermanos, no pienso que yo mismo lo haya logrado ya. Más bien, una cosa hago: olvidando lo que queda atrás y esforzándome por alcanzar lo que está delante, sigo avanzando hacia la meta para ganar el premio que Dios ofrece mediante su llamamiento celestial en Cristo Jesús" (Filipenses 3:13-14).
- *Dedícate por completo a cada tarea.* "Y todo lo que te venga a la mano, hazlo con todo empeño, porque en el sepulcro, adonde te diriges, no hay trabajo ni planes ni conocimiento ni sabiduría" (Eclesiastés 9:10).

Decisión #8:

Entabla amistades y mantenlas

Anímense y edifíquense unos a otros.

—1 Tesalonicenses 5:11

La última vez que vimos a Jasón, caminaba lentamente por el abarrotado pasillo de la escuela hacia su casillero antes de comenzar su primera clase. Al llegar, Jasón ve a Isaac, el chico del casillero de al lado. Hace años que Jasón conoce a Isaac. Durante un tiempo, asistieron al mismo grupo de jóvenes en la iglesia.

Isaac y Jasón se habían llevado bien desde que Jasón podía recordar, pero este año había ocurrido algo entre ellos, y parecía que se estaban distanciando. Lo que sucede es que Jasón había decidido recortar algunas de sus amistades. Isaac y los otros chicos de la iglesia no eran muy populares y parecía que siempre desentonaban del resto. Jasón opinaba que se vestían de modo un poco raro y que incluso actuaban de forma un tanto extraña. Por esta razón, Jasón había cambiado su manera de vestir. Mateo, uno de los nuevos amigos de Jasón, dice que Isaac es un cobarde. Incluso llama a Isaac y a los demás amigos de la iglesia de Jasón "religiosos raros".

Jasón saluda a Isaac con una rápida sonrisa; después, con la misma rapidez, Jasón agarra sus libros para irse. "¿Te veo en el grupo de jóvenes esta noche?", dice Isaac a Jasón mientras este se dirige a clase.

A Jasón le cae bien Isaac y los demás chicos de la iglesia y lo pasa bien cuando está con ellos, lejos de sus nuevos amigos y lejos de la escuela. De hecho, le gustaría poder ser tan fuerte como Isaac en cuanto a su manera de vivir para Jesús con osadía, pero no le gusta sobresalir o ser considerado diferente. Créeme, ¡el asunto es un dolor de cabeza para Jasón! Quiere caer bien a los demás, especialmente al "grupo de moda" de la escuela.

Y hablando del "grupo de moda", aquí llega Mateo. "Hola Jasón, ¡me gusta tu camiseta! No la había visto nunca. ¡Tienes que pasar a ser uno de los nuestros ya!". Jasón se siente bien y mal al mismo tiempo, preguntándose: *¿Cómo voy a resolver este conflicto?*

Las amistades

Puede que seas uno de esos chicos que nunca se encuentra con alguien que no conoce. Quizá hablas sin problema con todos y tienes facilidad para hacer amigos. O quizá, como Jasón, tienes un amigo de la infancia como Isaac, y los dos son inseparables. Pero a muchos chicos no les resulta fácil encontrar un buen amigo. Ya sea que tengas muchos amigos o pocos, estoy seguro de que sabrás que la amistad es una cuestión bilateral. Si quieres un buen amigo, tienes que ser un buen amigo. Por eso tú y yo (dos chicos a los que les cuesta hacer amigos) tenemos que comenzar nuestra discusión sobre la amistad hablando de lo que es ser un buen amigo.

Qué dice la Palabra de Dios

En la Biblia, Dios nos da pautas acerca de cómo ser un buen amigo. A medida que leas los siguientes versículos, piensa en tus amistades y decide si estas intentando ser el tipo de amigo que Dios describe aquí. Además, piensa en lo que hace y lo que no hace un amigo... un verdadero amigo.

> *El que perdona la ofensa cultiva el amor; el que insiste en la ofensa divide a los amigos* (Proverbios 17:9).
>
> *En todo tiempo ama el amigo; para ayudar en la adversidad nació el hermano* (Proverbios 17:17).
>
> *Hay amigos que llevan a la ruina, y hay amigos más fieles que un hermano* (Proverbios 18:24).
>
> *Más confiable es el amigo que hiere que el enemigo que besa* (Proverbios 27:6).
>
> *No abandones a tu amigo* (Proverbios 27:10).
>
> *El hierro se afila con el hierro, y el hombre en el trato con el hombre* (Proverbios 27:17).

Cómo ser un buen amigo

¿Cómo puedes elegir a amigos que sean para siempre? Como mencioné antes, desarrollar buenas amistades comienza contigo: tú tienes que ser un buen amigo. Aquí tienes algunas decisiones que necesitarás tomar si quieres ser un amigo de primera. Si tomas estas decisiones, los mejores chicos harán fila para ser tus amigos.

1. Decide crecer espiritualmente

Esta es una decisión clave que debes tomar en todas las áreas de tu vida, y las amistades no son la excepción. Si deseas crecer en lo espiritual y conocer más a Dios, no te conformarás con nada menos que con un amigo que tenga tu misma pasión por Dios. ¿Y dónde puedes encontrar ese tipo de persona? Aquí tienes una pista:

normalmente encontrarás a estas personas en la iglesia o en un grupo cristiano de jóvenes.

2. *Decide ser tú mismo*

No intentes impresionar a los demás diciendo o haciendo cosas que crees que harán que les caigas bien. Y en especial, no hables ni actúes de maneras que vayan en contra de la Palabra de Dios. Recuerda: buscas un amigo que no sea falso, que no finja ser alguien que no es; por tanto, sé quien Dios desea que seas. Sé un joven que honra al Señor. Tal vez no seas el chico más popular de la escuela, pero serás *tú mismo*. Serás genuino y no sentirás el conflicto interno que tiene Jasón. Cuando te sientas cómodo contigo mismo, los demás también se sentirán cómodos contigo. Quizá no tengan tus creencias, pero te respetarán por lo que defiendes. Así que sé tú mismo. Muéstrate amigable y ayuda a todos, pero no dudes en ser valiente y poner a Dios primero. Haz tu mejor esfuerzo por vivir a la manera de Dios y convive con aquellos que ponen a Dios primero. Cuando lo hagas, Él pondrá personas a tu lado con la misma forma de pensar para que sean tus amigos.

3. *Decide ser leal*

¿Alguna vez has tenido un amigo que solamente está a tu lado cuando las cosas marchan bien? Este amigo se va en cuanto algo va mal. Es un gran amigo… hasta que las cosas se complican. Suele ser una amistad unilateral. Mientras hagas las cosas a su manera, todo va bien. Pero cuando haces algo que a él no le gusta, intentas ser tú mismo o tienes una verdadera necesidad, ese "amigo" desaparece y ya no quiere tener nada que ver contigo.

La lealtad es esencial en cualquier amistad. Así que debes ser un amigo leal. En la Biblia, la amistad entre David y Jonatán se caracterizaba por la lealtad incluso en medio de una severa adversidad. (Puedes leer acerca de su amistad en 1 Samuel 20:14-18).

¿Cuán fiel eres como amigo? ¿Eres un amigo más fiel que un

hermano (Proverbios 18:24)? La lealtad en otros comenzará cuando tú seas leal.

4. Decide ser sincero

La confianza es esencial para cualquier relación. Si quieres tener amigos que sean sinceros contigo, entonces (ya lo sabes) tú debes ser sincero con ellos. La honestidad es uno de los beneficios de una verdadera amistad. La Biblia nos dice así: "Más confiable es el amigo que hiere... la dulzura de la amistad fortalece el ánimo" (Proverbios 27:6, 9). Tú y tu mejor amigo deberían estar comprometidos a llevarse mutuamente hacia los objetivos y las normas de Dios para los jóvenes que quieren vivir para Él.

5. Decide alentar

¿Has pensado lo fácil que resulta decirles a las personas todo lo que crees que está "mal" en sus vidas (al menos desde tu punto de vista)? No se visten con la ropa adecuada o actúan de manera equivocada. Es mucho mejor adoptar el hábito de fijarte en las buenas actitudes y acciones de los demás.

¿Cuál es la mejor forma de alentar? Volvamos por un momento a los dos amigos David y Jonatán. Su relación se apoyaba en su amor mutuo por Dios. Cuando el padre de Jonatán, Saúl, resolvió asesinar a David, Jonatán "fue a ver a David... y lo animó a seguir confiando en Dios" (1 Samuel 23:16).

La Biblia dice: "Anímense y edifíquense unos a otros" (1 Tesalonicenses 5:11). La mejor forma de alentar a un amigo es ayudándole a encontrar fuerza en Dios a través de las Escrituras. También pueden tomar tiempo para orar el uno por el otro. Y no olvides hacer cumplidos. Sé específico en tus elogios. Di algo concreto que aprecies en tu amigo, algo que veas en su conducta o admires de su carácter. Deja que el hecho de edificar a otros en lugar de menospreciarlos se convierta en un hábito en ti. Tus amigos son un reflejo de ti. Reflejan en lo que tú te estás convirtiendo. (¡Piensa en *eso* durante uno o dos minutos!).

6. Decide esforzarte en las amistades

La amistad buena y saludable no ocurre de la noche a la mañana. Tienes que tomar la decisión de mantener y cultivar ese tipo de amistad. No hagas lo que hizo Jasón, que decidió dejar una buena amistad por un amigo cuestionable. La amistad conlleva tiempo y esfuerzo: coman juntos, haz una llamada telefónica, envía un correo electrónico o un mensaje de texto. Pasen tiempo juntos. Cuando el apóstol Pablo escribió a sus amigos en Filipos, dijo: "Los llevo en el corazón" (Filipenses 1:7). ¿Quién es tu mejor amigo? ¿Qué puedes hacer hoy para cultivar esa amistad?

En busca de un amigo

Y ahora lo más difícil: ¡encontrar buenos amigos! No es fácil, y puede que tardes un tiempo. Por tanto, sé paciente y anota esto en tu lista de oración. Mientras tanto, recuerda:

En Jesús tienes un amigo. Entiende que si eres cristiano, ya tienes el mejor amigo que podrás encontrar: un amigo para siempre. Tienes un amigo en Jesús, el Hijo de Dios. Jesús te ha elegido para ser su amigo. A sus discípulos, les dijo: "Ustedes son mis amigos… los he llamado amigos" (Juan 15:14-15). Y lo mismo te dice a ti. Con Jesús como tu amigo, realmente no necesitas a nadie más; pero Dios también te da otros amigos para que te hagan compañía.

Tienes amigos en tus padres. Antes de reírte y no prestarme atención, comprende que no tiene nada de extraño que tu mamá y tu papá sean tus mejores amigos. Son el regalo de Dios para ti. Espero que, aunque ahora no esté muy claro, en algún momento comprendas que ningún ser humano te ama más ni quiere mejores cosas para ti que tus padres. Pídele a Dios que te ayude a desarrollar una amistad íntima con tus padres. Créeme, con el paso del tiempo descubrirás que lo que te digo es cierto.

También tienes amigos en tus hermanos y hermanas. Tal vez pienses: *¿Amigo del bobo de mi hermano? ¡De ninguna manera!* O *¿Amigo de la molesta de mi hermanita? ¡Debes de estar bromeando!* Pero entiende que a lo largo de la vida, los amigos van y vienen. Quizá te mantengas en contacto con algunos, pero la mayoría de los amigos que ahora conoces seguirán adelante. Sin embargo, tu familia siempre estará contigo, en especial si construyes y mantienes una amistad con ellos. ¡Y recibe aliento! Tu hermano no siempre se comportará como un bobo, ni tu hermanita será molesta toda su vida.

Qué dice la Palabra de Dios

La Biblia es muy clara al hablarnos de la clase de persona que tenemos que buscar como amigo... ¡y de la clase que debemos evitar! Esta es la "Lista de Dios de las personas que debemos evitar como amigos". Cuando leas estos versículos, observa lo que se dice de la forma de hablar, el carácter o la conducta de las personas que no deben ser tus amigos, y del efecto tan peligroso que pueden tener sobre ti.

> *El que con sabios anda, sabio se vuelve; el que con necios se junta, saldrá mal parado* (Proverbios 13:20).

> *No te hagas amigo de gente violenta, ni te juntes con los iracundos* (Proverbios 22:24).

> *No deben relacionarse con nadie que, llamándose hermano [cristiano], sea inmoral o avaro, idólatra, calumniador, borracho o estafador. Con tal persona ni siquiera deben juntarse para comer* (1 Corintios 5:11).

No formen yunta con los incrédulos. ¿Qué tienen en común la justicia y la maldad? ¿O qué comunión puede tener la luz con la oscuridad?... ¿Qué tiene en común un creyente con un incrédulo? (2 Corintios 6:14-15).

No se dejen engañar: "Las malas compañías corrompen las buenas costumbres" (1 Corintios 15:33).

Toma las decisiones difíciles

Sin duda, el modo en que eliges amigos y amistades es una parte crucial de tu vida. Los amigos son uno de los medios que Dios usa para animarte, enseñarte, formarte y transformarte. Se dice que hay tres clases de personas en la vida:

las que te derriban (alejándote de Jesús),
las que te guían (en dirección a Jesús), y
las que te elevan (hacia Jesús).

Es evidente que deberías evitar a las que te derriban. Las "malas compañías" realmente corrompen el buen carácter, así que los candidatos para ser verdaderos amigos se reducen tan solo a dos: los que te guían y los que te elevan. Por tanto, no hace falta decir que tus mejores amigos deberían ser cristianos, el tipo de amigos que te guían y te elevan en el camino a parecerte más a Cristo. Tus mejores amigos deberían ser creyentes fuertes, de ideas afines, que te ayuden a pensar tus mejores pensamientos, a hacer cosas honorables y a ser la mejor versión de ti mismo.

Cuando te propongas elegir amigos...

- *Comienza contigo mismo.* Desarrolla las cualidades que deseas en tus amigos. Sé la clase de persona que guía y eleva a los demás hacia las cosas de Dios. Recuerda: la afinidad es como un imán. Atraes lo que eres.

- *Establece los criterios más altos posible.* Las cosas que hemos estado hablando de la Biblia. Recuerda: ¡es mejor no tener amigos que tener malos amigos!
- *Selecciona sabiamente a tus amigos.* Recuerda que te conocerán por los amigos que tengas.

Los chicos que ayudan a los chicos

Anota tres suposiciones equivocadas que tenía Jasón acerca de los amigos, tanto los antiguos como los nuevos.

¿Qué podrías decirle a Jasón sobre la importancia de elegir con cuidado las amistades?

De todos los versículos de este capítulo, ¿cuál significó más para ti y que podrías trasmitir a Jasón?

¿En qué te pareces a Jasón y qué nuevas decisiones tienes que tomar?

¿Quieres saber más?

¡Averígualo!

Ya has leído antes acerca del joven Daniel, pero vuelve a leerlo con el tema de las amistades en mente. Escribe los nombres de sus tres amigos (Daniel 1:6-7).

¿Qué tenían en común estos jóvenes (versículos 3-6)?

Lee Daniel 1:12-20. ¿Qué situación tuvieron que soportar juntos Daniel y sus tres amigos (versículos 12-14)?

¿Cuál fue el resultado de su prueba (versículos 15-20)?

¿Qué otro elemento encuentras en su amistad en Daniel 2:16-18?

¿Qué es lo que más te llama la atención acerca de la amistad que existía entre estos cuatro jóvenes?

Lee 1 Samuel 18:1-4. Jonatán era el hijo del rey Saúl, a quien David servía. ¿Qué aprendes sobre la amistad de David y Jonatán en el...

versículo 1?—

versículo 3?—

versículo 4?—

¿Y en 1 Samuel 23:16?—

¿Qué es lo que más te impresiona sobre la amistad que había entre estos dos jóvenes?

¿Qué aprendes sobre los amigos y la amistad en...

Santiago 2:23?—

Santiago 4:4?—

Pregunta difícil: ¿De quién eres amigo?

Las pautas de Dios para la toma de buenas decisiones

- *Busca amigos verdaderos.* "Hay amigos que llevan a la ruina, y hay amigos más fieles que un hermano" (Proverbios 18:24).

- *Busca amigos fieles.* "En todo tiempo ama el amigo; para ayudar en la adversidad nació el hermano" (Proverbios 17:17).

- *Busca amigos que te pidan que les rindas cuentas.* "El hierro se afila con el hierro, y el hombre en el trato con el hombre" (Proverbios 27:17).

- *Busca amigos que te animen a crecer.* "Así que, mis queridos hermanos, como han obedecido siempre —no sólo en mi presencia sino mucho más ahora en mi ausencia— lleven a cabo su salvación con temor y temblor" (Filipenses 2:12).

- *Busca amigos con ideas afines.* "Huye de las malas pasiones de la juventud, y esmérate en seguir la justicia, la fe, el amor y la paz, junto con los que invocan al Señor con un corazón limpio" (2 Timoteo 2:22).

Decisión #9:

¿Qué hay de las chicas?

Esmérate en seguir la justicia, la fe,
el amor y la paz, junto con los que
invocan al Señor con un corazón limpio.

—2 Timoteo 2:22

Hablando de amistades... aquí llega Carmen. Mientras Jasón está de pie junto a su casillero, buscando con torpeza sus apuntes de Inglés entre un enorme desorden de papeles, ve a Carmen caminando por el pasillo. Carmen es la compañera de Jasón en el laboratorio de química, y ¡él cree que es posible que haya algo entre ellos!

A modo de información, Jasón y Carmen no están juntos. Claro, los dos han salido en grupo en varias ocasiones, y sí, han pasado algo de tiempo juntos haciendo proyectos de Ciencias. Jasón incluso ha estado en casa de Carmen varias veces, y Carmen fue una vez a casa de Jasón cuando tuvieron que trabajar en su proyecto para la feria de Ciencias. A los padres de Jasón les cayó bien Carmen. Les gustó especialmente que fuera educada, cortés y amable, pero también le recordaron a Jasón que, aunque tuviera muy buenas cualidades, había una cosa que le faltaba, lo más importante de todo: Carmen no era cristiana.

Pero a Jasón realmente le gusta Carmen; y le cuesta creerlo, pero ¡parece que el sentimiento es mutuo! Así que Jasón ha intentado dejar a un lado las preocupaciones de sus padres, pensando: *Carmen es una buena chica. ¿Qué problema hay si tiene distintas creencias religiosas o no tiene ninguna?* Además, Jasón sabe que si su amistad se convirtiera en algo serio, el verdadero amor superaría todas las barreras. Incluso piensa que si él y Carmen estuvieran más cerca, podría hablarle de Jesús y quizá influenciarla positivamente para que se hiciera cristiana. Entonces, ¡todo sería diferente! Y los padres de Jasón dejarían de advertirle que tuviera cuidado.

Algo sobre las chicas

En el capítulo anterior, hablamos de los amigos y las amistades. Quizá leíste ese capítulo pensando: *¿Y qué pasa con las novias?* Bien, estamos a punto de responder a esa pregunta. Así que, ¿qué debemos saber acerca de las relaciones con las chicas? Seamos sinceros. Estás rodeado de chicas todo el día: en la escuela, en la iglesia y en cualquier salida. Por eso es importante saber cómo interactuar con ellas. Sin embargo, tienes que ver las relaciones chico-chica de una forma distinta a como ves las amistades con los chicos. Sí, debes ser amable con todos, pero también debes tener un cuidado especial cuando se trata de amistades con chicas. Aquí tienes cinco pautas para tomar buenas decisiones:

1. *Cuida tu nivel de simpatía.* Sí, sé amable, pero mantén la relación en un nivel estrictamente "formal", aunque la chica sea tu compañera en el laboratorio de química o participe en tu mismo grupo de estudio después de la escuela o en una actividad extraescolar. Si te acercas demasiado y actúas con demasiada simpatía podrías enviarle un mensaje equivocado, y la chica podría confundirse con respecto a

tu nivel de interés en ella. Y, como en el caso de Jasón, cuanto más te acerques a una chica, más te influirán tus sentimientos hacia ella... ¡lo cual puede meterte fácilmente en problemas!

2. *Cuidado con los cumplidos.* Otra manera de enviar de forma inadvertida algún mensaje equivocado es elogiar en general a las chicas, la ropa que llevan, su peinado, etc. Como dije antes, debes ser agradable, pero los cumplidos también pueden enviar un mensaje que no pretendías dar: que estás interesado en una relación más íntima, en una relación de noviazgo, o que estás interesado sexualmente en ella. Piensa en esto: si realmente quieres hacer un cumplido, que no sea un cumplido físico, sino haz alusión al carácter de la chica. Por ejemplo, puedes decir: "Me he fijado en cómo has ayudado a Silvia a levantar sus libros. Fue un bonito detalle".

3. *Cuidado con las chicas cuya manera de hablar es cuestionable.* Esta es una de las pautas que la Biblia da para las chicas: deben tener un "espíritu suave y apacible" (1 Pedro 3:4). Esto significa que miden sus palabras, no son escandalosas ni bulliciosas. También es bueno que mantengas las distancias con las chicas que tengan su boca llena de "toda conversación obscena... gritos y calumnias, y toda forma de malicia" (Efesios 4:29, 31; Colosenses 3:8). ¿Usan palabras sucias o con connotaciones sexuales? Dios quiere que tus amigos y amigas sean puros en su forma de hablar, y también en cuerpo y en mente.

4. *Cuidado con las chicas que se visten de forma inapropiada.* Dios espera que los cristianos se comporten con modestia y pureza (1 Timoteo 2:9), y espera que tú, como cristiano, impongas las normas más altas para ti, tus amigos y las chicas. Una manera segura de revelar las cualidades internas de una chica es ver la ropa que decide ponerse. Evita a aquellas que no tienen problemas con vestir ropa provocativa, que se visten para llamar la atención, especialmente de los chicos.

5. *Cuidado con acercarte demasiado a chicas que no sean cristianas.* Esta es la pauta más importante para seguir respecto de chicas, amistades, citas, etc. Hay que reconocerlo, cuando se trata de una

amistad chico-chica, normalmente hay una progresión: una amiga se convierte en una novia, y si la relación continúa progresando, el final lógico para un joven cristiano moral y honorable como tú es el matrimonio, ¿no es cierto? Sé que es muy fuerte pensar en esto ahora y sé que quizá tú no estás pensando tan a largo plazo, pero no será de otra manera a menos que la pureza de ambos se vea comprometida, ¿verdad? Por eso, si ese es el resultado final de una relación de noviazgo, asegúrate de empezar con una chica cristiana. La Biblia es muy clara sobre las relaciones con incrédulos. Lee 2 Corintios 6:14, y observa el gran "no" inicial y las razones para ello.

> *No formen yunta con los incrédulos. ¿Qué tienen en común la justicia y la maldad? ¿O qué comunión puede tener la luz con la oscuridad?*

Qué dice la Palabra de Dios

Las relaciones chico-chica tienen el potencial de conllevar un alto precio emocional. Si estas relaciones no se manejan como Dios quiere, puedes cometer errores que lastimarán a ambos, incluso errores para toda la vida. La mejor manera de evitar sentimientos dolorosos, malas experiencias y reproches es establecer normas bíblicas para la clase de chica que consideras como amiga. Ya hemos visto aquí el requisito número uno: ella debe ser cristiana. Aparte de esto, tienes que seguir las pautas que Dios ha establecido en su Palabra.

En la Biblia, encontrarás un gran modelo del tipo de cualidades que una chica debiera tener si estás pensando en una amistad que se pueda convertir en un noviazgo. Este modelo está en Proverbios 31:10-31. De hecho, este consejo viene de la madre de un joven rey; ella le dice el tipo de mujer que debería buscar y describe las cualidades de esa mujer —¡y no su apariencia!— con gran detalle. Sea cual sea tu edad, e independientemente de si estás interesado o no en las chicas, toma nota de la siguiente lista. Mientras lees, anota de tus observaciones.

> Es una mujer íntegra. *Los dichos del rey Lemuel. Oráculo mediante el cual su madre lo instruyó... Mujer ejemplar, ¿dónde se hallará? ¡Es más valiosa que las piedras preciosas!* (Proverbios 31:1, 10).
>
> Es fiel y de confianza. *Su esposo confía plenamente en ella y no necesita de ganancias mal habidas* (versículo 11).
>
> Apoya y anima. *Ella le es fuente de bien, no de mal, todos los días de su vida* (versículo 12).
>
> Es desprendida y generosa. *Tiende la mano al pobre, y con ella sostiene al necesitado* (versículo 20).
>
> Es una administradora excelente. *Está atenta a la marcha de su hogar, y el pan que come no es fruto del ocio* (versículo 27).
>
> Tiene un carácter piadoso. *Engañoso es el encanto y pasajera la belleza; la mujer que teme al SEÑOR es digna de alabanza* (versículo 30).

Elige tu enfoque para el noviazgo

¡Caramba! Esta mujer de Proverbios parece una muy buena opción, ¿verdad? ¿Conoces a alguien así? ¿Hay chicas en tu iglesia con estas cualidades básicas? Bueno, sé paciente, seguro que ella anda por ahí, y Dios la está preparando para ti en este instante. ¡Y también está ocupado preparándote y perfeccionándote para encontrar una mujer como esta! Mientras tanto, aquí tienes algunas decisiones que debes tomar mientras Dios te prepara para la chica ideal, la mejor chica, ¡la que Él tiene!

Decide relacionarte con chicas que sean cristianas activas, vehementes y verdaderas. Comienza a elaborar una lista de rasgos de carácter de la Biblia que sean indispensables para las chicas cristianas con las que estarías dispuesto a pasar tiempo ahora e incluso llegar a casarte en el futuro. Después usa esa lista como tu guía para las chicas con las que tienes trato en el presente.

Ya has leído las muchas y buenas cualidades de la mujer de Proverbios 31. Cuando tengas la oportunidad de hacerlo, lee también 1 Pedro 3:1-6 y Tito 2:3-5. Verás a mujeres que alaban a Dios y que tienen un carácter impecable y una conducta pura. Es la clase de chica que necesitas buscar. Dios desea lo mejor para ti, y tú deberías desear lo mismo. No te conformes con menos.

Decide concentrarte en actividades de grupo en lugar de estar a solas con una chica. Usa esas actividades (de preferencia, actividades de la iglesia o reuniones con cristianos) para observar la conducta de las chicas en el grupo. Además, ser parte de un grupo también disminuye las oportunidades de tentación que pueden surgir cuando estás a solas con una chica.

Decide esperar antes de tener un noviazgo en serio hasta que haya un propósito o una razón piadosos: el matrimonio. Como dije anteriormente: al ser adolescente, ¿cuál es el propósito del noviazgo? ¿Estás planeando casarte en un futuro próximo? Probablemente no, así que no tiene sentido o razón comenzar un noviazgo intenso en esta etapa de tu vida, aunque tus motivos sean puros. Demasiada seriedad muy pronto puede llevarte a una montaña rusa emocional que duele en lo más profundo cuando termina, o puede arruinar tu reputación, afectar de forma negativa el desarrollo de tu carácter, o meterte en problemas sexuales que te marcarán de por vida.

Mientras tanto, disfruta de ser un chico. Disfruta tus años en la escuela. Disfruta de tus amigos y disfruta de tus amigas. Aprende a hablar con las chicas y a apreciarlas, y permanece tranquilo, sin precipitarte a comenzar algo serio. ¡Diviértete!

Decide hacer participar a tus padres. Pídeles su consejo en cuanto a las chicas. Pregúntales cuáles son sus sugerencias en cuanto a qué buscar en una chica. Pídeles ayuda para desarrollar una lista de cualidades para tener en cuenta en una chica cuando llegue el momento oportuno. Esto es lo que yo hice con mis hijas cuando eran jóvenes: hablamos sobre las cualidades deseables en un joven. Créeme, cuando las emociones entraron en juego con quien ellas pensaban que podría ser "el indicado", esa lista de cualidades les ayudó a pensar con claridad. Y tu lista también les ayudará a ti y a tus padres a pensar con claridad cuando llegue el momento de entablar relaciones más serias. Hay un proverbio que advierte: "El afán sin conocimiento no vale nada; mucho yerra quien mucho corre" (Proverbios 19:2). La prisa no es buena compañera; así que no corras demasiado, no te pierdas el camino hacia una vida pura, feliz y libre de culpabilidad.

Decide permanecer puro en lo moral y lo sexual, ¡por encima de todo! Haz este compromiso en este instante, antes de salir con ninguna chica. Es un compromiso entre tú y Dios. Si ya estás saliendo con alguna chica, reafirma tu compromiso con las normas de Dios de vivir con absoluta pureza antes de cada cita. Es una decisión espiritual… y una buena decisión… y la decisión correcta. Es decidir si seguirás a Jesús o al mundo; es decidir si seguirás a Jesús o a ti mismo: a tu carne. Y una advertencia: si tu cita está intentando tentarte a pecar sexualmente o de cualquier otra forma, de ninguna manera esa chica es para ti. ¡Dile adiós! Debes ser tajante. Si una chica ama a Jesús, habrá hecho su propio compromiso con Dios, y deseará la pureza sexual para ella y para ti, y te alentará a estar bien espiritualmente en lugar de tentarte al fracaso moral.

Ah, y no hace falta decir que tú tampoco debes tentar a ninguna chica con la que salgas a pecar sexualmente ni de ninguna otra manera.

Decide crecer espiritualmente. Quizá te preguntes en qué se diferencia esta decisión de la que acabas de leer. La decisión de permanecer puro no requiere que seas espiritual. Hay otras personas "religiosas" y no religiosas que creen en la abstinencia sexual o la pureza moral hasta el matrimonio. Permanecen sexualmente puros con fuerza de voluntad. Pero estamos hablando de mucho más que la pureza sexual. Estamos hablando sobre convertirte en un hombre de Dios, un hombre que sea sexualmente puro y que guíe a su futura familia hacia una forma cristiana de vivir. Esa madurez llega cuando conoces lo que enseña la Biblia, oras para ponerlo en práctica, eliges obedecerlo y quieres vivir tu vida a la manera de Dios.

Toma las decisiones difíciles

Las decisiones que tomes en relación con el noviazgo serán de las más importantes que tomes en tu vida. Por favor, no abordes el noviazgo de una manera superficial. La experiencia del noviazgo debería estar reservada hasta que sea el momento de buscar una compañera con la que compartir tu vida.

Mientras tanto, haz tus deberes. Haz una lista de las cualidades ideales en una chica como menciona la Biblia. La Palabra de Dios tiene mucho que decir en cuanto al carácter de una mujer piadosa. Asegúrate de no confundir la *apariencia atractiva* con el *carácter*. Tómate tu tiempo. Estudia la norma bíblica; pídele ayuda a Dios mientras buscas estas cualidades en la vida de las chicas de tu iglesia o tu grupo de jóvenes. ¡Y no te olvides de pedir consejo a tus padres! Después, con toda la información, haz tu lista.

Cuando tengas tu "Lista A", léela entera y hazla tuya. Cuando veas una chica atractiva y te preguntes si será ella, saca la lista. Cuando llegue el momento de pensar en comenzar el proceso del noviazgo, saca la lista. Cuando creas que estás enamorado, saca la lista. Te alegrarás de tener una lista de las normas de Dios para poder usarla como guía para elegir a la chica adecuada con quien salir.

Por el momento, mientras esperas y observas, sé fiel en prepararte para que tú también estés listo para lo mejor de Dios. Deja que Él obre en tu caracter. Sé paciente, porque esas cualidades no se consiguen de la noche a la mañana. Como dice 1 Timoteo 6:11: "Tú, en cambio, hombre de Dios... esmérate en seguir la justicia, la piedad, la fe, el amor, la constancia y la humildad". Pídele a Dios que te ayude a controlar tu pureza personal. Haz lo que sea necesario para mantenerte puro en cuerpo, alma, mente y espíritu, y después espera pacientemente a que llegue lo mejor de Dios.

Los chicos que ayudan a los chicos

Anota tres suposiciones equivocadas, y enfoques erróneos, que tuvo Jasón con respecto al noviazgo.

¿Qué consejo le darías a Jasón para ayudarle a comprender la importancia del tiempo adecuado con respecto al noviazgo?

De todos los versículos de este capítulo, ¿cuál significó más para ti y que podrías transmitir a Jasón?

¿En qué te pareces a Jasón con respecto a las chicas y qué nuevas decisiones necesitas tomar?

¿Quieres saber más?

¡Averígualo!

Busca los siguientes versículos en tu Biblia y observa lo que revela cada uno sobre la cualidad mencionada. Usa estas cualidades como guía para tu propio crecimiento espiritual.

Apasionado por Dios. Salmos 63:1

Diligente. Proverbios 12:24

Amigable. Proverbios 17:17

Misericordioso. Mateo 5:7

Alentador. Hebreos 3:13

Generoso. Proverbios 11:25

Amable. Proverbios 19:17

Sabio. Proverbios 18:15

Fiel. Gálatas 5:22-23

Las pautas de Dios para la toma de buenas decisiones

- *No salgas con incrédulos.* "No formen yunta con los incrédulos… ¿Qué comunión puede tener la luz con la oscuridad?" (2 Corintios 6:14).

- *Busca cualidades piadosas.* "El amor es paciente, es bondadoso. El amor no es envidioso ni jactancioso ni orgulloso. No se comporta con rudeza, no es egoísta, no se enoja fácilmente, no guarda rencor… Todo lo disculpa, todo lo cree, todo lo espera, todo lo soporta" (1 Corintios 13:4-7).

- *Busca un carácter piadoso.* "No te dejes impresionar por su apariencia… La gente se fija en las apariencias, pero yo me fijo en el corazón" (1 Samuel 16:7).

- *Busca lo mejor de Dios y nada menos.* "Si hay en ello alguna virtud, si hay algo que admirar, piensen en ello" (Filipenses 4:8, RVC).

- *Prepárate de manera espiritual.* "Esto es lo que pido en oración: que el amor de ustedes abunde cada vez más en conocimiento y en buen juicio, para que disciernan lo que es mejor, y sean puros e irreprochables para el día de Cristo, llenos del fruto de justicia que se produce por medio de Jesucristo, para gloria y alabanza de Dios" (Filipenses 1:9-11).

El mejor momento

Es importante darse cuenta de que el amor no es algo para jugar. Cantar de los Cantares lo deja claro al decir: "No despertéis ni hagáis velar al amor, hasta que quiera" (Cantar de los Cantares 2:7, RVR-60). No deberíamos apresurarnos a una relación de noviazgo solo porque todos los demás piensen que está bien. Dios quiere que esperemos a la persona adecuada, no porque Él no quiera que nos divirtamos, sino porque quiere *lo mejor* para nosotros.

Como Dios se interesa tanto por nosotros, quiere que guardemos el amor romántico para una relación de la que esté orgulloso. No sabemos si sucederá ni cuándo llegará, pero podemos confiar en que Dios se ocupará de nosotros a su manera y en su momento.

—Robyn[1]

Decisión #10:

La verdad acerca de la tentación

Que cada uno aprenda a controlar su propio cuerpo de una manera santa y honrosa.

—1 Tesalonicenses 4:4

Jasón y Marcos se dirigen por el pasillo hacia su clase de Inglés, cuando Marcos dice: "Bueno, ¿estás listo para la gran noche?". Antes de que Jasón pueda responder, Marcos abre la puerta del aula, y suena la campana.

Jasón toma asiento e instantáneamente empieza a darle vueltas a la pregunta de Marcos. Sabe exactamente a lo que se refiere. Durante semanas, ambos han estado planeando pasar una noche en casa de Marcos. Los padres de Jasón estarán fuera, lo cual significa que Jasón, su hermano y su hermana pasarán esa noche con varios amigos de la familia que tienen niños de esas edades.

Jasón se quedará con la familia de Marcos ese viernes por la noche. Pero no se siente cómodo debido a una idea que tuvo Marcos. Al parecer, el hermano mayor de Marcos tiene unas cuantas revistas pornográficas. Marcos sabe dónde las esconde y pensó que sería divertido que los dos echaran un vistazo a esas revistas. Y para añadir más emoción, Marcos había visto a su hermano entrar en varias páginas de la Internet con un material bastante "indecente". Jasón nunca había hecho nada parecido hasta el momento, lo cual le hacía estar muy nervioso. Pero su curiosidad le está empezando a ganar la partida.

Mientras Jasón medita en este dilema moral, la profesora de Inglés, la señorita García, le hace una pregunta. Como es habitual, debido a que Jasón no está prestando atención, le pide que le repita la pregunta. Y, como de costumbre, ¡Jasón no tiene ni idea de cuál podría ser la respuesta!

La verdad acerca de la tentación

Vivir la vida cristiana es una lucha, y si no opinas lo mismo, ¡puede que no estés viviendo la vida cristiana! Jesús les dijo a sus discípulos, y a nosotros: "en este mundo afrontarán aflicciones" (Juan 16:33). Parte de las aflicciones de las que hablaba Jesús llega en forma de tentación. Para un cristiano, la lucha llega cuando peleamos contra la tentación. La tentación en sí no es pecado, pero cuando cedes, entonces se convierte en pecado. Otro problema de la tentación es que llega en muchas variedades y disfraces, pero el objetivo es siempre tu pureza. Esta es la lucha que nuestro amigo Jasón estaba librando.

Como ocurre con todas las demás decisiones, Dios espera que Jasón elija un enfoque bíblico y maneje sus tentaciones de una forma que guarde su pureza. Eso suena como algo difícil para un joven como Jasón, ¿verdad? Pero si eres cristiano, Dios también espera que resistas la tentación, sin importar cuál sea tu edad. Y lo mejor de todo es que Jesús no te dejó solo ante la tentación. Él les aseguró a sus discípulos: "pero ¡anímense! Yo he vencido al mundo" (Juan 16:33). Jesús ha prometido ayudarte.

Qué dice la Palabra de Dios

Tentaciones que atacan la pureza

Dios te ha confiado un tesoro importantísimo: tu pureza. Con su ayuda, puedes mantener tu pureza en todas las esferas de tu vida. Como ya dije antes, las tentaciones que atacan tu pureza llegarán en muchas formas y a varios niveles. Observa el orden de los ataques:

Tu pureza espiritual

La tentación en la esfera espiritual ataca tu relación con Dios y tu corazón. Cuando no piensas seria y regularmente en Dios y en tu relación con Él, y cuando dejas de valorarlo por encima de todo lo demás, te expones a la tentación. Observa cómo muchas veces Satanás indujo a Eva a cuestionar la credibilidad de Dios antes de que cayera en la tentación. Observa también lo que contribuyó a la caída de Eva en Génesis 3:6. Subraya, si quieres, las preguntas de la serpiente y las respuestas de Eva.

> *La serpiente era más astuta que todos los animales del campo que Dios el SEÑOR había hecho, así que le preguntó a la mujer:*
>
> *—¿Es verdad que Dios les dijo que no comieran de ningún árbol del jardín?*
>
> *—Podemos comer del fruto de todos los árboles —respondió la mujer—. Pero, en cuanto al fruto del árbol que está en medio del jardín, Dios nos ha dicho: "No coman de ese árbol, ni lo toquen; de lo contrario, morirán".*
>
> *Pero la serpiente le dijo a la mujer:*

> *—¡No es cierto, no van a morir! Dios sabe muy bien que, cuando coman de ese árbol, se les abrirán los ojos y llegarán a ser como Dios, conocedores del bien y del mal.*
>
> *La mujer vio que el fruto del árbol era bueno para comer, y que tenía buen aspecto y era deseable para adquirir sabiduría, así que tomó de su fruto y comió* (Génesis 3:1-6).

Tu pureza mental

Todas las tentaciones comienzan con un pensamiento. Es obvio, si tus pensamientos son puros, tus acciones también serán puras. Observa lo que ocurrió con los pensamientos del rey Saúl.

> Los comentarios de la gente. *Y exclamaban con gran regocijo: «Saúl destruyó a un ejército, ¡pero David aniquiló a diez!»* (1 Samuel 18:7).
>
> La reacción de Saúl. *Disgustado por lo que decían, Saúl se enfureció y protestó: "A David le dan crédito por diez ejércitos, pero a mí por uno solo. ¡Lo único que falta es que le den el reino!". Y a partir de esa ocasión, Saúl empezó a mirar a David con recelo* (1 Samuel 18:8-9).
>
> El resultado de los pensamientos impuros de Saúl. *Saúl les comunicó a su hijo Jonatán y a todos sus funcionarios su decisión de matar a David* (1 Samuel 19:1).

Tus pensamientos son vitales para tu pureza. Como dijo Pablo, debes pensar solo en lo respetable, justo, puro, amable, en lo que es digno de admiración, en lo que sea excelente o merezca elogio (Filipenses 4:8).

Tu pureza física

Tú decides en *quién* y en *qué* piensas, pero si entretienes pensamientos inadecuados, el siguiente paso lógico y natural, como sucedió con el rey Saúl, es actuar sobre la base de tus malos pensamientos de una forma pecaminosa. Por tanto, para guardar tu pureza física, comienza primero a pensar en Dios. Si piensas en Dios, que es santo, santo, santo, siempre estarás en terreno seguro, porque esto llenará tu mente de pensamientos puros, los cuales a su vez guardarán tu cuerpo físico.

José es un gran ejemplo de cómo un adolescente debiera responder a la tentación de naturaleza física. Lee lo que le ocurrió y asegúrate de observar la razón por la que no cedió al pecado.

> *José tenía muy buen físico y era muy atractivo. Después de algún tiempo, la esposa de su patrón empezó a echarle el ojo y le propuso:*
>
> *—Acuéstate conmigo.*
>
> *Pero José no quiso saber nada, sino que le contestó:*
>
> *—Mire, señora: mi patrón ya no tiene que preocuparse de nada en la casa, porque todo me lo ha confiado a mí. En esta casa no hay nadie más importante que yo. Mi patrón no me ha negado nada, excepto meterme con usted, que es su esposa. ¿Cómo podría yo cometer tal maldad y pecar así contra Dios?* (Génesis 39:6-9).

¡Qué gran lección! Si tuvieras que recordar solo una cosa cuando seas tentado, recuerda que no debes pecar contra Dios.

Pensamientos acerca de la pureza

Cuando tus padres o tus líderes de jóvenes hablan sobre la pureza, ¿a qué se refieren en general? A la pureza física, ¿no? Bien, esta es el área más obvia, y deberíamos hablar al respecto, especialmente porque los dos sabemos que las tentaciones que tienes en el área física comienzan en tu mente. Dios deja muy claro en la Biblia que quiere que su pueblo (incluido tú) sea puro. ¿Quieres hacer la voluntad de Dios? Si es así, debes leer 1 Tesalonicenses 4:3-5, donde se menciona un aspecto concreto de la voluntad de Dios. Repito, puedes subrayar si quieres las tareas de Dios para ti.

> *La voluntad de Dios es que sean santificados; que se aparten de la inmoralidad sexual; que cada uno aprenda a controlar su propio cuerpo de una manera santa y honrosa, sin dejarse llevar por los malos deseos como hacen los paganos, que no conocen a Dios.*

Un hombre cristiano, no importa cuál sea su edad —tanto si es preadolescente, adolescente, estudiante universitario o un hombre con familia—, debe prestar mucha atención al hecho de proteger su pureza física. La palabra *puro* tiene que ver con la moralidad. Si buscas la palabra *puro* en un diccionario, probablemente encontrarás una definición que hable de no tener mancha, estar libre de contaminación, ser limpio, inocente y libre de culpa. Lo mismo ocurre con la palabra *santificación*. Santificarte significa hacerte santo, consagrarte, dedicarte o apartarte para Dios. Describe una condición de ser libre de pecado, de ser y defender lo justo y bueno.

Esto es fuerte, ¿verdad? Pero es el plan de Dios y su voluntad para ti. Así que tienes que tomar decisiones que te ayuden a permanecer puro y luego hacer lo que sea necesario para mantenerte puro en tus pensamientos y acciones. Tienes que pensar en ti mismo como alguien que le pertenece a Dios. Tienes que comprometerte a hacer lo correcto y bueno. Tu objetivo es ser libre del pecado.

Qué dice la Palabra de Dios

Siempre es bueno leer las Escrituras porque nos dicen todo lo que debemos o no debemos pensar, y todo lo que debemos o no debemos hacer. Lee los versículos de abajo y presta atención a lo que te dicen sobre tu pureza.

> *Por último, hermanos, consideren bien todo lo... puro* (Filipenses 4:8).
>
> *Consérvate puro* (1 Timoteo 5:22).
>
> *Huye de las malas pasiones de la juventud, y esmérate en seguir la justicia* (2 Timoteo 2:22).
>
> *Para los puros todo es puro* (Tito 1:15).

Este libro se titula *Guía de un joven para las buenas decisiones.* Como ya sabes a estas alturas, habla de las decisiones que podrías tomar, las decisiones que deberías tomar, las decisiones que tomas y los resultados de esas decisiones. Hace tiempo, leí una frase de un profesor del Instituto Bíblico Moody, que decía: "El carácter es la suma y el total de las decisiones de una persona".[1] Piensa en sus palabras mientras lees sobre algunas decisiones que debes tomar cada día con respecto a tu pureza. A continuación hay algunos versículos que quizá ya te suene haber leído, pero no importa, eso es bueno; la repetición ayuda a que la Palabra de Dios se establezca en tu corazón.

Decide seguir la piedad: El primer paso y más importante para mantener tu pureza es alejarte del pecado y buscar una vida de piedad.

> *Tú, en cambio, hombre de Dios, huye de todo eso [una vida de pecado], y esmérate en seguir la justicia, la piedad, la fe, el amor, la constancia y la humildad* (1 Timoteo 6:11).

Decide evitar los lugares y las situaciones donde pudieras ser tentado: Pablo le dijo a su joven amigo Timoteo que huyera "de las malas pasiones de la juventud" (2 Timoteo 2:22). Este es un gran consejo para Jasón a la hora de pensar en las actividades que Marcos ha planeado para la noche que pasarán juntos en su casa. Sigue el ejemplo de José cuando llegue una tentación: huye de la tentación, ¡y hazlo rápidamente!

Decide evitar a las personas que pudieran tentarte: Espero que te acuerdes de lo que leíste antes, es decir, no andar con amigos que te inciten a alejarte de las normas de Dios. Desgraciadamente, Jasón tal vez no tenía otra elección que quedarse a pasar la noche en casa de Marcos, pero sí tenía la elección de no dejar que Marcos lo condujera a hacer algo que él sabía que estaba mal. Y lo mismo ocurre contigo. Lo único que tienes que hacer es decir no.

> *Si los pecadores quieren engañarte, no vayas con ellos... ¡Apártate de sus senderos!* (Proverbios 1:10, 15).

Toma las decisiones difíciles

Quizá no piensas que la pureza sea algo tan importante, y eso es exactamente lo que el diablo y el mundo quieren que pienses. Pero la pureza es muy importante; ¡muy importante! ¿Por qué? Porque afecta tu relación con Dios. Dios es puro y pide que sus hijos también lo sean. Así que la próxima vez que tengas pensamientos impuros, o seas tentado a hacer actos impuros, piensa en tu relación con Jesús.

Y este es otro hecho importante: la pureza está relacionada con tu carácter personal. Cuando eres moralmente puro en lo más hondo de tu ser, la pureza aparecerá en tus pensamientos, palabras y hechos. Tus acciones diarias de autocontrol honrarán a Dios y harán que otros solo puedan pensar cosas buenas de ti.

Como dijo el apóstol Pablo: "Consérvate puro". Y déjame añadir: Consérvate puro *siempre*. La pureza no es algo con lo que luchas solamente mientras eres joven. La pureza es un reto de por vida, un llamado de por vida y un asunto del corazón de por vida. Tu conducta siempre dependerá de dónde pones el corazón. Por eso, haz lo que sea necesario para asegurarte de que la brújula de tu corazón apunte hacia Dios y a la pureza que Él desea para ti.

Los chicos que ayudan a los chicos

¿Cuáles fueron algunas "luces rojas" que deberían haber ayudado a Jasón a tomar la decisión adecuada sobre la noche que pasaría en casa de Marcos?

¿Qué consejo podrías darle a Jasón para ayudarle a entender la importancia de vivir según los principios de Dios sobre la pureza?

De todos los versículos de este capítulo, ¿cuál significó más para ti y que podrías transmitir a Jasón?

¿En qué te pareces a Jasón y qué nuevas decisiones tienes que comenzar a tomar?

¿Quieres saber más?

¡Averígualo!

El apóstol Pablo nos dice que tenemos que glorificar y honrar a Dios con nuestros cuerpos. Lee 1 Corintios 6:13-20 pensando en tu pureza física.

Versículo 13: ¿Qué está totalmente fuera de los límites en cuanto a cómo usar tu cuerpo?

En cambio, ¿cómo debes usar tu cuerpo?

Versículo 15: ¿Qué pregunta plantea este versículo?

Puesto que esto es cierto, ¿qué más está totalmente fuera de los límites para ti (versículos 15-16)?

Versículo 17: Describe la relación que tienes cuando estás en unión con Cristo.

Versículo 18: ¿Cuál es el mandamiento?

¿Por qué es importante?

Versículo 19: ¿Qué pregunta plantea este versículo?

¿Y qué hecho aporta?

Versículo 20: ¿A quién le perteneces, y por qué?

Debido a tu relación con Cristo, ¿qué se te manda hacer?

Las pautas de Dios para la toma de buenas decisiones

- *Pídele a Dios la fortaleza que necesitas.* "Los que confían en el Señor renovarán sus fuerzas; volarán como las águilas: correrán y no se fatigarán, caminarán y no se cansarán" (Isaías 40:31).

- *Acude a la Palabra de Dios para hallar el crecimiento y la sabiduría que necesitas.* "Deseen con ansias la leche pura de la palabra, como niños recién nacidos. Así, por medio de ella, crecerán en su salvación" (1 Pedro 2:2).

- *Pídele a Dios el control que necesitas.* "El fruto del Espíritu es amor, alegría, paz, paciencia, amabilidad, bondad, fidelidad, humildad y dominio propio" (Gálatas 5:22-23).

- *Pídele ayuda a Dios para ser ejemplo.* "Que nadie te menosprecie por ser joven. Al contrario, que los creyentes vean en ti un ejemplo a seguir en la manera de hablar, en la conducta, y en amor, fe y pureza" (1 Timoteo 4:12).

- *Pídele la victoria a Dios.* "¡Pero gracias a Dios, que nos da la victoria por medio de nuestro Señor Jesucristo!" (1 Corintios 15:57).

Decisión #11:

Segundas oportunidades

Confía en el SEÑOR de todo corazón,
y no en tu propia inteligencia.
Reconócelo en todos tus caminos,
y él allanará tus sendas.

—PROVERBIOS 3:5-6

Jasón se sentía un auténtico fracasado. Había sido una semana realmente mala. Sentía que había estado tomando malas decisiones durante toda la semana, algo que continuó igual el viernes cuando decidió caer en la tentación de copiar en su examen de Historia.

Y esa misma noche del viernes fue a la casa de Marcos. Jasón cedió a los planes de su amigo. En vez de decir que no, decidió acceder. Marcos y él lo vieron todo, con imágenes muy gráficas. Él sabía que estaba mal todo el tiempo que estuvo mirando, pero no pudo hacer nada para evitarlo. Peor que ver las imágenes fue el hecho de que, incluso después de terminar la aventura, las imágenes siguieron grabadas en su mente. Cada vez que intentaba olvidarlas, volvían a surgir en su mente. ¡Parecía una pesadilla! No, Jasón nunca olvidaría esa noche, por varios motivos.

Ahora es domingo, y Jasón sigue reviviendo esa horrible noche de malas decisiones mientras se hunde lentamente en una silla en la última fila en la clase de su grupo de jóvenes en la iglesia. Se siente vencido y desalentado, ya que sabe que nunca les podría decir a sus padres lo que hizo. ¡Se asustarían! Y piensa que no soportaría verlos decepcionados con él como consecuencia de sus acciones. Qué fracaso, ¡está muy avergonzado! Sí, sabe que nunca antes había caído tan bajo.

Jasón se sentía como si se hubiera vuelto loco. ¿Cómo podré volver a mirar a una chica a la cara? — pensó—. *Esas imágenes realmente me han arruinado. Y ¿qué dirá mi pastor de jóvenes, Ricardo? Si alguna vez llegara a enterarse, realmente se quedaría muy decepcionado.* Jasón estaba luchando con estos pensamientos cuando el grupo comenzaba la clase cantando.

Pero Jasón sabe que tiene un asunto mucho más profundo que arreglar: ¿Cómo podrá volver a mirar a Jesús después de haber hecho algo semejante? Seguramente Jesús estaba muy decepcionado con él, y ¿qué puede hacer para impedir tomar otras horribles decisiones en el futuro? Pobre Jasón. Por primera vez, su dolor es real y sincero.

Entonces Ricardo, el pastor de jóvenes, se levantó y comenzó a enseñar sobre Proverbios 3:5-6.

Decide si estás dentro o fuera

Jasón siempre había estado en la periferia del círculo social de amigos cristianos. Fue su decisión, por supuesto. Siempre iba al grupo de jóvenes. (¡Sus padres se aseguraban de eso!). No obstante, casi nunca prestaba atención a lo que sucedía allí. Vivía con un pie en el mundo y otro en la cultura cristiana.

Sin embargo, este día angustioso y memorable, Jasón vivía con horribles remordimientos. De repente, sintió una desesperada necesidad de ayuda y respuestas. En su corazón, sabía que había tomado la decisión de interesarse por las cosas del mundo y ahora estaba probando los resultados.

Jasón sabía que tenía que tomar otra decisión: tenía que salir del mundo y zambullirse de cabeza y de todo corazón en Jesús. Quizá, solo quizá, ¡algo de lo que dijera el pastor Ricardo podría ayudarle! Así que por primera vez en muuuucho tiempo, Jasón se esforzó por escuchar, y escuchar con atención.

Decide confiar en Dios

También, por primera vez en mucho tiempo, Jasón llevó su Biblia a la reunión. Se alegró de haberlo hecho porque el pastor Ricardo (como siempre) comenzó la clase diciendo: "Abran sus Biblias". Luego añadió: "Vayamos a Proverbios 3, y leamos los versículos 5 y 6". Jasón abrió su Biblia en seguida y leyó las fantásticas verdades que había en esos pasajes. ¡La ayuda estaba en camino!

Confía en el Señor de todo corazón (versículo 5): ¿Algunas vez has sentido que no puedes confiar en nadie? ¿Que nadie entiende lo que sientes cuando tienes que tomar una decisión importante? ¡Es horrible sentirse solo! Tus padres no siempre te entienden. Todos tus amigos brindan poca o ninguna ayuda. Sientes como si el peso del mundo estuviera sobre tus hombros. Haces una oración a medias: "Si hubiera alguien con quien pudiera hablar… Alguien a quien poder confiar mis problemas y mis decisiones…".

Y cuando tu lista se queda vacía, decides que nadie puede ayudarte. Así que tomas la decisión solo, sin ayuda de nadie. A veces te sale bien, pero otras (¡como el desastre de Jasón la noche del viernes!) te lleva a la ruina.

Sabes lo que voy a decir ahora, ¿no? Sí, *hay* alguien en quien puedes confiar por completo en cada momento, en todas las decisiones que debes tomar. Ese alguien es Dios. Y Dios siempre sabe mejor que tú lo que es bueno para ti. Él puede juzgar mejor lo correcto, y lo que necesitas, y lo que es bueno o dañino para ti. En realidad, ¡Él es lo mejor!

Seguro que ya sabes todo esto, ¿cierto? Pero es el momento de que lo creas de verdad y lo apliques a tu vida. En cada decisión que tomes, desde las pequeñas hasta las enormes, debes confiar por completo y creer que Dios puede ayudarte a tomar buenas decisiones, y que lo hará. Ahí entra la parte del versículo 5 que dice "de todo corazón". ¿Puedes hacerlo? Nunca conocerás la voluntad de Dios completamente si no confías en que Él te ayude en tu toma de decisiones.

No [confíes] en tu propia inteligencia (versículo 5): Dios no te pide que dejes a un lado tu capacidad de pensar y razonar. Pero te pide que escuches la sabiduría de su Palabra, tu conciencia y el estímulo del Espíritu, así como el consejo de tus padres y líderes de la iglesia.

Este era el problema de Jasón. Él se empeñaba en lo que quería. Además, escuchaba el consejo equivocado y seguía a las personas equivocadas. Escuchaba a todos menos a Dios. Excluía por completo a Dios y los recursos positivos que Él le había dado (como su Palabra y la oración) cuando se trataba de tomar decisiones. Jasón se apoyaba mucho en su propia inteligencia.

Por ejemplo, la decisión de Jasón de ver esas revistas y páginas de la Internet. Si hubiera hecho caso a su conciencia, no habría terminado tomando una mala decisión. ¡El hecho de sentirse nervioso debería haber sido una gran alerta roja! Podía haberle pedido ayuda a Dios, a sus padres, a su pastor de jóvenes o a algún cristiano sabio. Como dice la Biblia, Dios siempre provee una salida para tu tentación:

> *Ustedes no han sufrido ninguna tentación que no sea común al género humano. Pero Dios es fiel, y no permitirá que ustedes sean tentados más allá de lo que puedan aguantar. Más bien, cuando llegue la tentación, él les dará también una salida a fin de que puedan resistir* (1 Corintios 10:13).

La salida de Dios de la tentación podía haber llegado a través de cualquier persona que hubiera ayudado a Jasón a tomar una buena decisión. Si Jasón se hubiera detenido, si le hubiera prestado atención a su interior (su corazón y conciencia), si hubiera esperado, orado y escuchado a Dios y a su pueblo, y si hubiera confiado en la sabiduría de Dios, se habría ahorrado una experiencia muy dolorosa y sus importantes consecuencias.

Reconócelo en todos tus caminos (versículo 6): ¿Cómo reconoces la presencia de un amigo? Lo llamas por su nombre. Saludas. Sonríes y le gritas: "¡Hola!", y le chocas los cinco. Pues bien, el reconocimiento de Dios es igual. Sabes que Jesús es tu mejor amigo, ¿verdad? Él siempre está ahí y nunca te deja ni te da la espalda. Así que asegúrate de reconocer siempre su presencia en tu vida.

La mejor forma de reconocer la presencia de Dios es mediante la oración. Llévale todas tus decisiones a Jesús en oración. Permite que Él te ayude en tus decisiones. Para Él, todas son importantes… y también deberían serlo para ti. Él quiere que reconozcas tu necesidad de su consejo divino, así que ora con un corazón sincero: "¿Qué debo hacer, Señor?" (Hechos 22:10).

Él allanará tus sendas (versículo 6): Al igual que Jasón, tienes que examinar tus valores. Todos debemos hacer esto a menudo. No seas como Jasón. No esperes a estar acorralado o a cometer algún terrible error. Plantéate algunas preguntas como las siguientes *antes* de tomar una mala decisión:

- ¿Qué es en verdad importante para mí, y son esas cosas importantes para Dios?
- ¿Cuáles son mis prioridades? ¿O cuáles deberían ser?
- ¿Le he entregado por completo mi corazón a Jesús? ¿Vivo de acuerdo a ese compromiso?

Quizá ya estés reconociendo a Dios en muchas áreas de tu vida. Así debería ser, pero quizá tengas que profundizar más y plantearte también estas preguntas:

- ¿Hay áreas en mi vida que me estoy reservando para mí y que no quiero entregar a Dios?
- ¿Estoy manteniendo a Dios a una distancia prudencial en un intento de restringir o ignorar su participación en mi vida?

Colocar a Dios en el centro de tu vida garantizará su guía en las decisiones que tomes. Como puedes ver, según Proverbios 3:6, tu trabajo es reconocer a Dios en todo y buscar su voluntad. Cuando lo haces, su tarea es guiarte y dirigirte... para enderezar tus caminos. Él quitará las barreras y los obstáculos, y te permitirá avanzar con confianza hacia su voluntad. Cuando eso suceda, te encontrarás tomando buenas decisiones, lo cual significa que disfrutarás más de la vida y sufrirás menos. ¿Por qué? Porque estarás trabajando juntamente con Dios para alcanzar sus propósitos. ¿No es maravilloso?

Qué dice la Palabra de Dios

¿Cuál es el resultado de confiar en el Señor con todo tu corazón? Aprópiate de estas verdades y anota tu parte favorita de cada versículo.

> *Más bien, busquen primeramente el reino de Dios y su justicia, y todas estas cosas les serán añadidas* (Mateo 6:33).

> *No se amolden al mundo actual, sino sean transformados mediante la renovación de su mente. Así podrán comprobar cuál es la voluntad de Dios, buena, agradable y perfecta* (Romanos 12:2).

Yo te instruiré, yo te mostraré el camino que debes seguir; yo te daré consejos y velaré por ti (Salmos 32:8).

Si a alguno de ustedes le falta sabiduría, pídasela a Dios, y él se la dará (Santiago 1:5).

Conoce el perdón de Dios

Tras escuchar al pastor Ricardo, Jasón se dio cuenta de que había encontrado la respuesta que estaba buscando. Fue como si se hubiera encendido una luz, ¡era muy sencillo! Lo único que tenía que hacer era confiarle a Dios cada detalle de su vida, y Dios le ayudaría a tomar buenas decisiones. (Desde luego, todos sabemos que es más fácil decirlo que hacerlo, pero ¡Jasón lo había entendido!).

Sin embargo, había un problema: el pecado de Jasón. Se acordó de todo lo que había hecho la semana anterior y suspiró. *Hice muchas cosas mal la semana pasada. ¿Cómo puedo empezar de nuevo? ¿Cómo puedo darle un giro a mi vida? ¿Cómo puede Dios perdonarme?*

Bueno, de nuevo Dios apareció para rescatarlo y usó al pastor Ricardo, que parecía leer la mente de Jasón mientras seguía explicando el perdón usando Efesios 1:7:

En él [Jesús] tenemos la redención mediante su sangre, el perdón de nuestros pecados, conforme a las riquezas de la gracia.

Dios es completamente santo y no soporta el pecado. Y debido a que todas las personas son pecadoras, todas ellas están separadas de Dios. La mala noticia es que por nuestro pecado merecemos el castigo y la muerte, pero la buena noticia es que gracias a la muerte de Jesús en la cruz podemos ser liberados de la muerte espiritual si aceptamos, por la fe, la muerte de Jesús en nuestro lugar. Podemos recibir el perdón de nuestros pecados.

Luego, el pastor Ricardo hizo una sencilla oración por todos aquellos que no habían recibido aún el regalo de Dios del perdón. Mientras lo hacía, les dijo que esta oración había que hacerla de corazón:

> Jesús, sé que soy pecador. Me arrepiento de mis pecados, quiero cambiar y seguirte. Creo que moriste por mis pecados y resucitaste en victoria sobre el poder del pecado y la muerte. Te acepto como mi Señor y Salvador personal. Ven a mi vida, Señor Jesús, y ayúdame a obedecerte, desde ahora en adelante. Amén.

Jasón hizo esta oración con el pastor Ricardo, solamente por si no era salvo, por si acaso aún no era realmente cristiano. En su corazón, sabía que Jesús era su Salvador, pero tras la última semana, Jasón no estaba seguro de lo cercano que estaba de Dios, así que quiso asegurarse. Sabía que sus pecados fueron perdonados cuando le entregó su vida a Jesús. Ya le pertenecía a Jesús. Ese no era su problema. Su problema era él mismo: su pecado personal, continuo y cotidiano, y Jasón tenía que admitir que cada vez empeoraba más.

Sé que Jesús murió en la cruz por mis pecados, pero ¿cómo puede Jesús perdonar los pecados horribles que cometí la semana pasada? —agonizaba Jasón—. *Descuidé a Dios. Fui perezoso y egoísta. Traté muy mal a mi familia sin razón alguna. A sabiendas, fui en contra de las reglas y los deseos de mis padres. Mentí y participé voluntariamente en cosas muy feas que se habían planeado de antemano.*

Una vez más, Dios acudió al rescate de Jasón. Fue realmente como si el pastor Ricardo supiera las preguntas que Jasón tenía. Esta vez Ricardo hizo que todos abrieran sus Biblias en 1 Juan 1:9:

> *Si confesamos nuestros pecados, Dios, que es fiel y justo, nos los perdonará y nos limpiará de toda maldad.*

El pastor Ricardo explicó que gracias al sacrificio que Jesucristo hizo en la cruz, la salvación de Jasón tenía gracia ilimitada de parte de Dios. Por tanto, el problema de Jasón (y el tuyo) con el pecado continuo y cotidiano ¡se resolvió por Jesús y gracias a Él! El pastor Ricardo explicó que cuando los creyentes reconocen su pecado (cosa que Jasón hizo rápidamente), pueden tener la certeza de que Dios está dispuesto a otorgar perdón continuado.

Y sí, el pastor Ricardo tenía otra oración para todo el grupo: una oración de renovación de compromiso. Jasón no perdió ni un segundo en pensar si debía o no debía hacer esa oración. No, esa oración era para él. Oró las siguientes palabras de todo corazón a la vez que las decía el pastor Ricardo:

> Jesús, sé que en el pasado te invité a mi vida. En ese momento, pensé que era tu hijo, pero mi vida no ha mostrado el fruto de mi fe. Al escuchar una vez más tu llamado, quiero comprometerme de verdad contigo como el Señor y el Dueño de mi vida. Quiero saber que soy tu hijo… y vivir conforme a esto. Amén.

¡Qué libertad! La carga de Jasón por su fracaso al no vivir para Jesús desapareció. Su confesión le permitió saber y sentir el poder limpiador de Jesús. Estaba limpio del pasado (¡incluida la semana anterior!) y estaba deseando empezar a vivir de verdad para Jesús.

Olvidando lo que queda atrás

¿No es increíble Dios? Nos ha dado el regalo de la salvación por medio de su Hijo, que nos perdona incluso cuando pecamos tras ser creyentes. Con esto en mente, quizá te preguntes, como Jasón: *¿Cómo puedo seguir adelante si fracasé?*

Si alguien tenía una buena razón para lamentar las cosas horribles que había hecho en su vida, era el apóstol Pablo. Antes de conocer a Jesús, alentó a otros a apedrear hasta la muerte a un hombre justo llamado Esteban (Hechos 7:59—8:1). Además, desempeñó un papel importante en la persecución de muchos cristianos (Hechos 9:1-2).

¿Te imaginas cómo se sintió Pablo cuando Jesús lo hizo caer de rodillas y le otorgó un perdón completo e incondicional (Hechos 9:1-5)? Pero una cosa que Pablo sabía era que debía seguir adelante y servir a Dios con todo el corazón. Basta de días perdidos. Basta de una vida desperdiciada. Sin duda, Pablo todavía lamentaba el pasado y sentía una profunda pena por sus actos. A pesar de eso, podía decir:

> *Olvidando lo que queda atrás y esforzándome por alcanzar lo que está delante, sigo avanzando hacia la meta para ganar el premio que Dios ofrece mediante su llamamiento celestial en Cristo Jesús* (Filipenses 3:13-14).

Al igual que Pablo, debes tomar una decisión con respecto a tu pasado. Debes decidir aceptar el perdón de Dios, y debes decidir recordar ese perdón cada vez que seas tentado a pensar en tus fracasos del pasado. Como el apóstol Pablo, debes decidir olvidar el pasado y seguir adelante hacia el futuro. Amigo, esto es lo que te permitirá afrontar cada día y los próximos años con entusiasmo y una expectativa gozosa sobre lo que Dios ha preparado para ti.

Toma las decisiones difíciles

¿Con qué frecuencia te dan las personas una segunda oportunidad? No muy a menudo, ¿verdad? Pero ¡Dios sí lo hace! Su continuo perdón te ofrece una segunda oportunidad... e incluso una tercera, una cuarta o más. Lo único que debes hacer es acudir a Él con un corazón arrepentido cada vez que peques.

Sin embargo, una advertencia: tu dolor por el pecado que has cometido debe ser auténtico. Así que examina tu corazón primero. Hazte la pregunta: "¿En qué se fundamenta mi dolor? ¿Lamento que me hayan atrapado... o lamento verdaderamente haber cedido a la tentación? ¿Lamento haber desilusionado a las personas... o haber desilusionado a Dios?". Cuando te acerques al Señor, ábrele tu corazón por completo. Él se deleita en limpiarlo a fondo.

Así que aquí tienes una reflexión alentadora acerca de seguir adelante: si te has desviado y has tomado el camino equivocado, en cualquier momento puedes comenzar a transitar un camino nuevo y bueno, el de Dios. Aun si persisten las consecuencias de tus acciones pasadas, Dios puede y te dará gracia y fortaleza para arreglar las cosas y ayudarte a vivir con cualquier consecuencia de tus actos. Puedes hacer cualquier cosa: incluso seguir adelante o darle un giro a tu vida, por medio de Cristo que te fortalece (Filipenses 4:13).

Los chicos que ayudan a los chicos

Anota varias decisiones buenas que tomó Jasón por fin. ¿Qué decisiones cruciales parece haber tomado?

¿Qué consuelo y palabras de ánimo le darías a Jasón si te sentaras a su lado en el grupo de jóvenes?

De todos los versículos de este capítulo, ¿cuál significó más para ti y que podrías transmitir a Jasón, y por qué?

¿En qué te pareces a Jasón y qué acciones necesitas emprender, con respecto a las malas decisiones que tomaste, para dar un giro en tu vida?

¿Quieres saber más?

¡Averígualo!

¿Qué aprendes acerca del perdón de Dios en los siguientes versículos?

Isaías 1:18—

Salmos 103:12—

Mateo 26:28—

Hechos 10:43—

1 Juan 1:9—

Se ha dicho que al que mucho se le perdona, mucho perdona. ¿Qué dicen estos versículos sobre el tipo de actitud que deberías tener cuando se trata de perdonar a los demás?

Mateo 18:21-22—

Hechos 7:59-60—

Efesios 4:32—

Colosenses 3:12-13—

Intenta escribir una breve oración de agradecimiento a Jesús por todo lo que Él ha hecho por ti, está haciendo en ti y lo que fielmente hará por ti en el futuro.

Las pautas de Dios para la toma de buenas decisiones

- *Dios te conoce y eres especial para Él.* "Antes de formarte en el vientre, ya te había elegido; antes de que nacieras, ya te había apartado" (Jeremías 1:5).
- *Dios te ama, y su Hijo murió por tus pecados.* "Pero Dios demuestra su amor por nosotros en esto: en que cuando todavía éramos pecadores, Cristo murió por nosotros" (Romanos 5:8).
- *Dios te acepta y bendice por medio de su Hijo.* "Alabado sea Dios, Padre de nuestro Señor Jesucristo, que nos ha bendecido en las regiones celestiales con toda bendición espiritual en Cristo" (Efesios 1:3).
- *Estás completo en Cristo.* "Toda la plenitud de la divinidad habita en forma corporal en Cristo; y en él, que es la cabeza de todo poder y autoridad, ustedes han recibido esa plenitud" (Colosenses 2:9-10).
- *Eres una obra en curso y un día serás perfecto.* "[Estén convencidos] de esto: el que comenzó tan buena obra en ustedes la irá perfeccionando hasta el día de Cristo Jesús" (Filipenses 1:6).

¡Tú puedes hacerlo!

Una cosa hago: olvidando lo que queda atrás
y esforzándome por alcanzar lo que está delante,
sigo avanzando hacia la meta para ganar
el premio que Dios ofrece mediante
su llamamiento celestial en Cristo Jesús.

—Filipenses 3:13-14

¿Alguna vez has pedido el "vale repetir" cuando juegas algún deporte? Yo lo hago muchas veces cuando juego con mis amigos al golf. Como son mis amigos, me dejan que repita algún golpe, y yo también les permito a ellos que lo hagan. Me dan una segunda oportunidad para hacerlo bien, ¿y puedes creer que la mayoría de las veces lo hago mucho mejor esa segunda vez? Pues es así como se sentía Jasón cuando se sentó en su cama el domingo por la tarde después de una semana catastrófica. Y era una buena sensación. Los domingos tienen que ser especiales, ¡y ese lo era!

"Hoy es el primer día del resto de tu vida", fue el comentario del pastor Ricardo para terminar su tiempo con el grupo de jóvenes esa mañana. Sentado, pensando, Jasón se dio cuenta de que la enseñanza de Ricardo acerca de decidir confiar en Dios había sido de mucha ayuda para él. ¡Qué emoción! Y qué bendición. La lección de Ricardo de la Palabra de Dios había sido verdaderamente transformadora.

El pastor Ricardo había hablado también sobre el perdón. Jasón sintió que verdaderamente ese era el primer día del resto de su vida. ¡Dios le había "dejado repetir"! Y para su propio asombro, Jasón también se había beneficiado del sermón que habían dado en el servicio del domingo por la mañana. Antes, siempre se desconectaba del pastor principal durante el servicio. Jasón siempre se distraía en la iglesia: hacía garabatos, contaba las placas del techo, enviaba mensajes de texto a sus amigos y pensaba en el juego de computadora que pondría al llegar a casa.

Sin embargo, hoy era como si tuviera oídos nuevos. Esa mañana, el mensaje del pastor Gómez fue muy útil, incluso para un adolescente. *¡Vaya!* —pensó Jasón—, *el sermón de hoy fue increíble. Me habló al corazón. El pastor Gómez me habló directamente a mí. ¿Cómo sabían él y el pastor Ricardo exactamente lo que yo necesitaba oír?* (De hecho, durante el servicio, ¡Jasón no pensó ni una sola vez en el juego de computadora que iba a usar al llegar a casa!).

Tu vida a la manera de Dios

Si miras la portada de este libro, verás que el subtítulo es *Tu vida a la manera de Dios*. Eso es lo que conseguirás tomando buenas decisiones, y es donde encontramos a Jasón este domingo por la tarde.

¿Puedes creer todo lo que le ha sucedido a Jasón en unas pocas horas? Toda su vida ha cambiado y se dirige en una dirección completamente nueva, maravillosa y emocionante. Incluso a Jasón le costaba creer que estuviera listo para vivir a la manera de Dios; pero ¡así era! Estaba ansioso por comenzar su vida de nuevo. Una cosa es saber lo que está bien... y otra muy distinta es hacerlo y vivir bien, vivir a la manera de Dios.

Sí, Jasón había decidido que las cosas iban a ser distintas... muy distintas. ¡Tenían que serlo! Seamos sinceros: su vida era un auténtico desastre, un verdadero caos, y no quería volver a vivir otra semana como la anterior. Estuvo meditando y orando acerca de los nuevos compromisos y las decisiones que estaba tomando: elecciones que expresarían las decisiones revolucionarias que había tomado esa mañana en el grupo de jóvenes.

Y para estar bien seguro de no volver a caer en viejos hábitos, Jasón le pidió al pastor Ricardo que le ayudara averiguando cómo estaba Jasón cada semana cuando venía al estudio. Y para hacer su compromiso más serio aún, Jasón les pidió a Isaac y Roberto que revisaran su progreso. Estos dos muchachos estaban en su grupo de jóvenes y también en su escuela. Parecían buenos chicos y demostraban un fuerte testimonio en su escuela. Ellos se emocionaron con la idea y ambos aceptaron estar a su lado, orar por él y seguirle en su fidelidad con sus nuevos compromisos. Jasón pensó: *Creo que estoy haciendo dos nuevos amigos; ¡amigos verdaderos que quieren seguir a Dios y que quieren lo mejor para mí!*

Un nuevo comienzo

"Bueno, empecemos con este nuevo comienzo", dijo Jasón para sí mientras miraba los libros y los papeles esparcidos por su cama. "Biblia... listo. Cuaderno con las notas del pastor Ricardo de esta mañana... listo. Cuaderno de oración... listo". Jasón estaba preparado para aceptar el consejo del pastor Ricardo y seguir algunos de los principios que él había desarrollado en el grupo. "Veamos... ¿Que dijo el pastor Ricardo sobre vivir, vivir de verdad, para Cristo? Ah, sí, aquí está. Nos dio una lista de control".

Lista de control diario para un joven que quiere vivir para Jesús

✓ *Comienza cada día con Dios:* Pasa tiempo con la Palabra de Dios. "O el pecado te mantiene alejado de este Libro, o este Libro te mantiene alejado del pecado".

✓ *Incluye siempre la oración.* Ora por ti, por tu día, por tu familia, por tu actitud, por tus amigos, por tu caminar con Dios, y por tu pureza.

✓ *Compórtate como un hijo del Rey.* Esto incluye la manera de vestirte, de hablar y de tratar a tu familia.

✓ *Elige a tus amigos con cuidado.* En palabras de George Washington: "Mejor solo que mal acompañado".

✓ *Haz las cosas bien.* Haz todas las cosas para la gloria de Dios (Colosenses 3:23). Esto incluye la tarea, los deberes en casa y cualquier actividad.

✓ *Sé inteligente en lo que respecta al noviazgo.* No temas esperar para salir con chicas, aguardar por la persona adecuada y darles participación a tus padres.

✓ *Ríndele cuentas a otros de tu pureza.* Mantente puro a toda costa. Es mejor ser menos popular y menos experimentado que lamentarlo más tarde.

Después que Jasón leyó con detenimiento la lista de control diario del pastor Ricardo, supo qué debería hacer el resto del día. En lugar de jugar a los juegos de computadora, pasaría algún tiempo con su familia. Podía empezar sus tareas escolares, dándole la importancia que merecían (¡y que necesitaban!) para hacerlo bien... hacerlo para el Señor, y no para sus padres o sus maestros. Incluso podía empezar a trabajar en algunos de sus proyectos y trabajos. Ah, quizá aun pudiera avanzar en el estudio bíblico para la reunión de la semana. ¡Incluso podía ordenar su cuarto!

Y Jasón se hizo una nota mental: también tenía que revisar su armario y asegurarse de tener una camiseta apropiada para ir a la escuela mañana. Decidió deshacerse de aquellas que tenían un mensaje inapropiado para un chico cristiano. Quizá incluso se pondría la que consiguió el verano pasado en el campamento de la iglesia con una frase atrevida acerca de Jesús.

Ah, y definitivamente tenía que decidir a qué hora se iba a levantar. Quería empezar su nueva vida y su nuevo día con Dios, orando por su vida y por su día, para ser un mejor hijo y hermano, para incluso poder ayudar a la familia antes de ir a la escuela, especialmente a su hermano y su hermana, para tomar un mejor desayuno, y claro está, para llegar al autobús un poco antes. *¡Seguro que la Sra. Hernández sería la primera sorprendida!*

Jesús no es un remedio mágico para la vida. No, aunque Jasón va a comenzar su nuevo viaje con Él, también habrá muchas decisiones difíciles que tendrá que tomar. Pero Jesús nos ha dado algunas respuestas muy claras para tomar buenas decisiones en muchos asuntos. Sigue leyendo. Si tu respuesta es no a alguna de estas "cosas obvias", significa que no vas en buena dirección.

Algunas decisiones son "obvias"

1. ¿Es legal?

> *Mantengan entre los incrédulos una conducta tan ejemplar que, aunque los acusen de hacer el mal, ellos observen las buenas obras de ustedes y glorifiquen a Dios en el día de la salvación* (1 Pedro 2:12).

2. ¿Lo aprobarán mis padres?

   Hijos, obedezcan en el Señor a sus padres, porque esto es justo (Efesios 6:1).

3. ¿Hará tropezar a otros?

   Al pecar así contra los hermanos, hiriendo su débil conciencia, pecan ustedes contra Cristo. Por lo tanto, si mi comida ocasiona la caída de mi hermano, no comeré carne jamás, para no hacerlo caer en pecado (1 Corintios 8:12-13).

4. ¿Será de beneficio para otros? ¿Es algo provechoso?

   "Todo me está permitido", pero no todo es para mi bien (1 Corintios 6:12).

5. ¿Se convertirá en un hábito?

   "Todo me está permitido", pero no dejaré que nada me domine (1 Corintios 6:12).

6. ¿Será de edificación?

   "Todo está permitido", pero no todo es constructivo (1 Corintios 10:23).

7. ¿Será un buen testimonio para el mundo?

   Porque ésta es la voluntad de Dios: que, practicando el bien, hagan callar la ignorancia de los insensatos (1 Pedro 2:15).

8. ¿Glorificará a Dios?

   En conclusión, ya sea que coman o beban o hagan cualquier otra cosa, háganlo todo para la gloria de Dios (1 Corintios 10:31).

Toma las decisiones difíciles

Tú, amigo, tienes una vida maravillosa y plena. ¡Es una época emocionante para ti! Sé que no hemos hablado de todas las esferas y de todos los problemas de la vida, pero espero, y es mi oración, que hayas vislumbrado al menos una parte de lo importante que es tomar buenas decisiones todos los días. Así se vive la vida a la manera de Dios, ¡de decisión en decisión! Uno de mis dichos preferidos es:

La vida es una cadena de decisiones diarias.
Y la mejor vida es la que tiene las mejores decisiones,
que por lo general suelen ser las más difíciles.

Esto significa que cada día es muy importante. Cada día tú puedes decidir… vivir una vida para Jesús:

vivir un día de orden,
vivir un día caminando en el Espíritu,
vivir un día tomando buenas decisiones.

O puedes decidir no hacerlo. Para ayudarte a tomar las mejores decisiones, al final de este capítulo encontrarás una lista titulada "Siete pasos para la toma de buenas decisiones". Es corta y concisa. Consúltala cada vez que te enfrentes a tener que tomar decisiones. Copia la lista. Compártela. Pon una copia en el espejo de tu baño y en el casillero de tu escuela. ¡Haz lo que sea necesario para usarla!

Al terminar este libro —y empezar a poner el plan de Dios en acción—, haz una oración. Pídele que te ayude con tu compromiso de tomar buenas decisiones que produzcan una vida mejor para ti. Piensa en los principios y las pautas mencionados en este libro y en cómo puedes ponerlos en práctica en tu vida… a partir de ahora. Comenzarás a experimentar lo que quiso decir el apóstol Pablo cuando declaró: "El vivir es Cristo" (Filipenses 1:21).

Siete pasos para la toma de buenas decisiones

1. *Haz un alto.* No te apresures a tomar decisiones. Como reza el dicho: "Solo los tontos se apresuran".
2. *Espera.* Es mejor perder una oportunidad que meterte en algo que pueda dañarte o deshonrar a Dios.
3. *Ora.* Por medio de la oración, propón en tu corazón que realmente quieres hacer lo correcto, tomar una buena decisión. Pide a Dios sabiduría. Él ha prometido dártela (Santiago 1:5).
4. *Examina la Biblia.* La Palabra de Dios es tu guía. Ahí tienes todo lo que necesitas para ayudarte a tomar las mejores decisiones.
5. *Pide consejo.* Después de hacer un alto, esperar, orar y examinar las Escrituras, nunca está de más preguntar a un amigo de confianza si la decisión que estás a punto de tomar es la mejor.
6. *Toma una decisión.* Tras haber pasado por los pasos anteriores y con la información que necesitas, en fe y con la seguridad de que hiciste todo lo que está a tu alcance, toma tu decisión.
7. *Actúa de acuerdo a esa decisión.* No te desesperes. Has dedicado tiempo, oración y estudio a tu decisión. Comprométete con tu sabia elección y haz los ajustes necesarios según avanzas.

Notas

La toma de buenas decisiones

1. Roy B. Zuck, *The Speaker's Quote Book* (Grand Rapids, MI: Kregel, 1997), p. 110.
2. Neil S. Wilson, ed., *The Handbook of Bible Application* (Wheaton, IL: Tyndale House, 2000), pp. 86-87.

Decisión #1: ¡Tienes que levantarte!

1. *Teen Esteem* citado en Roy B. Zuck, *The Speaker's Quote Book* (Grand Rapids, MI: Kregel, 1997), p. 165.
2. Derek Kidner, *The Proverbs* [*Proverbios*] (Downers Grove, IL: InterVarsity, 1973), pp. 42-43. Publicado en español por Ediciones Certeza.
3. John Piper, *No desperdicies tu vida* (Grand Rapids, MI: Portavoz, 2011), contracubierta.

Decisión #2: Recibe tus órdenes de marcha

1. *God's Words of Life for Teens* (Grand Rapids, MI: Zondervan, 2000), p. 29.

Decisión #3: Conoce el plan de juego

1. John Piper, *No desperdicies tu vida* (Grand Rapids, MI: Portavoz, 2011), contracubierta.
2. Extraído de Elizabeth George, *A Young Woman's Call to Prayer* [*El llamado de una joven a la oración*] (Eugene OR: Harvest House, 2005), pp. 25-33. Publicado en español por editorial Unilit.
3. Joe White y Jim Weidmann, eds., citando a Nanci Hellmich, "A Teen Thing: Losing Sleep", *USA Today* (May 28, 2000), *Parent's Guide to the Spiritual Mentoring of Teens* [*Guía para el crecimiento espiritual de adolescentes*] (Wheaton, IL: Tyndale House, 2001), p. 447. Publicado en español por Editorial Mundo Hispano.

4. Jim George, *The Bare Bones Bible® Handbook for Teens* (Eugene, OR: Harvest House, 2008), p. 79.

Decisión #4: La Regla de Oro comienza en casa

1. *Life Application Bible* [*Biblia del Diario Vivir*] (Wheaton, IL: Tyndale House, 1988), p. 1339. Publicado en español por editorial Caribe.

Decisión #5: ¿Dónde está mi camiseta favorita?

1. Curtis Vaughan, ed., *The Word—the Bible from 26 Translations*, (Grand Rapids, MI: Baker, 1985), citando *The New Testament: A Translation in the Language of the People* por Charles B. Williams (Gulfport, MS: Mathis Publishers, 1993), p. 2273.

Decisión #7: El camino hacia el éxito

1. Adaptado de Sterling W. Sill, citado en Paul Lee Tan, *Encyclopedia of 7700 Illustrations* (Winona Lake, IN: BMH Books, 1979), pp. 723-734.

Decisión #9: ¿Qué hay de las chicas?

1. *God's Words of Life for Teens* (Grand Rapids, MI: Zondervan, 2000), p. 33.

Decisión #10: La verdad acerca de la tentación

1. P. B. Fitzwater. Desafortunadamente, la fuente donde encontré esta cita es desconocida, pero la aprendí de memoria porque me impactó mucho.

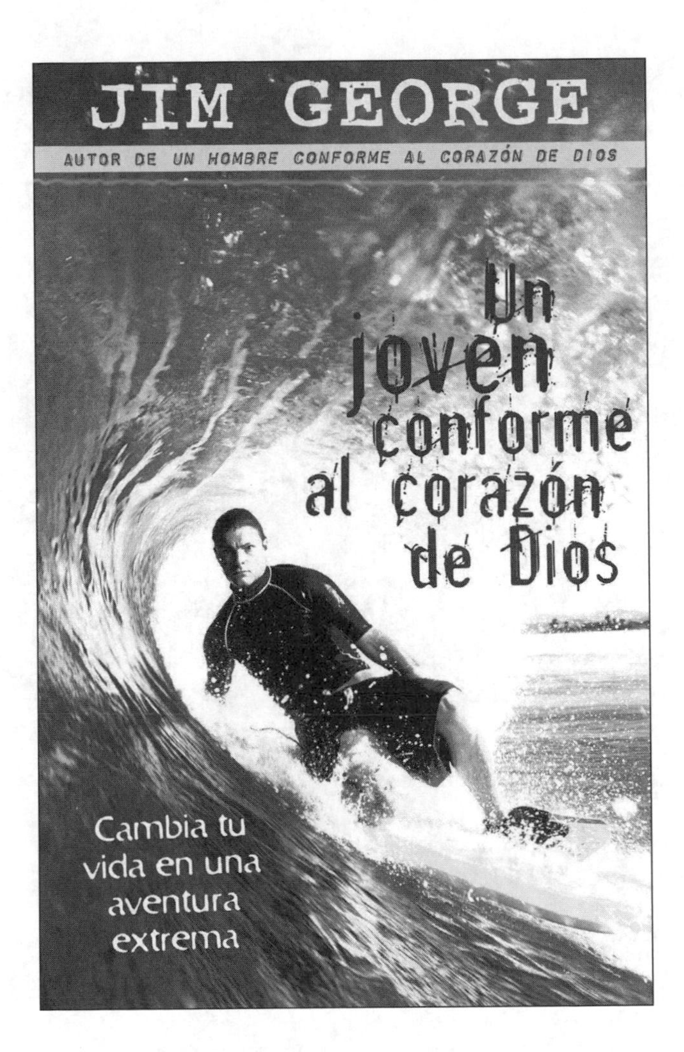
JIM GEORGE
AUTOR DE UN HOMBRE CONFORME AL CORAZÓN DE DIOS
Un joven conforme al corazón de Dios
Cambia tu vida en una aventura extrema

EDITORIAL PORTAVOZ
LA BIBLIA GRÁFICA
LA HISTORIA COMPLETA DESDE GÉNESIS HASTA APOCALIPSIS
JEFF ANDERSON Y MIKE MADDOX